# 창의성,
## 내 아이의 미래에
# 마법을
## 부리다

부모 인문학을 만나다 ❸

생각의 틀을 바꾸어 창의적인 아이를 만들어주는 부모 인문학

좋은학교
만들기
네트워크

# 창의성,
# 내 아이의 미래에
# 마법을
# 부리다

글 문정화   그림 민소원

영진미디어

# 목차

## Part. 1    창의성과 부모:
## Helper, 지나친 도움은 독이다

**Part. 4** 　상상력:
　　　　　창의력의 주춧돌

**Part. 5** 　동기:
　　　　　창의력에 불을 붙여라

**Part. 6**　창의성 Up :
창의성과 그 동지들을 기억하라

**Part. 7**　창의성 Down :
창의적 사고의 장애물을 넘어서라

# 내 아이의 창의성은
# 만들어진다

지금부터 10년 후 내 아이는 무얼하고 있을까?

너무 먼 훗날이라고 여겨지는가?

세상이 얼마나 빨리 변하고 있는가를 깨닫기만 한다면

생각은 달라질 것이다.

네이버 인사팀장의 다음 한마디에 귀를 기울여 보라.

"우리가 '이게 핵심이야'라고 정의하는 순간,

해당 아이템은 과거가 되어버리고,

몇 년만 지나면 구식으로 바뀐다."

2030년, 전 세계 대학의 절반과 현재 존재하는 직업의 60%가
사라질 것이라고 미래학자들은 전망한다.
그리고 10년 후, 일자리의 60%는 지금껏 존재하지 않았던
새로운 종류의 일들이며 현재 10대 이하의 아이들은
평생 20개 이상의 직업을 갖게 될 것이다.

1969년, 닐 암스트롱이 달에 첫발을 내딛을 때 아폴로 11호는
인류의 위대한 발명품이라 여겼었다.
그러나 5000년의 역사를 가진 바둑 게임에서 인간이 2살짜리
인공지능 알파고에 의해 무너지는 사건은 충격이었다. 인공지능
알파고 역시 인류의 위대한 발명품임에 틀림없는데도 말이다.

이제 더 이상 인공지능의 활약은
공상과학 영화에서나 볼 수 있는 가상이 아니며,
인간을 상대로 한 인공지능 알파고의 승리 역시
언젠가는 다가올 현실이었다.
이런 결과는 더 이상 놀랄 일이 아니며
지식과 기술의 발전이 빨리 진행됨을 기뻐할 일이고
미래사회를 신속하게 준비하라는 신호탄이다.

인공지능의 발전이 제4차 산업혁명을 불러오고 있는 시점에서
내 자녀의 성공적인 삶을 위한 밑그림을
현재를 기준으로 그리지 말자.

**내 아이의 창의성은 만들어진다**

일류대학 입학을 목표로 어릴 때부터 사교육에 시달리게 하고,
아이가 원하지도 않는 직업을 강요하는
어리석은 부모가 되지 말아야 한다.
미래에 대한 예견은 늘 어려운 일이지만
더욱 빨라지고 있는 기술 혁명의 속도는 피부로 느낄 수 있다.
빠른 변화에 적응할 수 있는 힘은
지식의 암기가 아니라 바로 창의성이다.
아이의 미래, 창의성이 부리는 마법을 즐기자.

창의성은 타고나는 것이 아니라 만들어진다.
아이들의 뇌에 창의성을 기를 수 있는
호기심의 씨앗, 상상력의 씨앗, 집중력의 씨앗을 심고,
모험심과 도전정신의 햇볕을 조절해주고,
열정과 몰입의 바람 길을 조성해주고,
수확시기까지 인내하며 기다린다면
어느 새 창의성의 열매가 주렁주렁 열릴 것이다.

이 책은 아이의 창의성 열매 수확을 목표로 하는
학부모를 위한 창의성 안내서이다.
창의성 교육에 필요한 주제만을 골라 다양한 방법으로
내용 이해를 돕고 있다.

먼저 주제와 관련된 예화를 제시하고,

핵심 내용을 짧은 문장으로 전개하였으며
핵심 내용에 대한 부연설명과 삽화로 마무리했다.
열린 마음으로 읽으면서 스스로 생각해보면
아이의 창의성을 기를 수 있는 비결을
조금씩 깨달을 수 있을 것이다.

내 아이의 미래, 부모가 빚어가는 창의성에 달려있다.
내 아이의 10년 후의 모습을 생각하면서
이 작은 안내서가
창의성 교육의 튼튼한 가이드로 활용되기를 기대한다.

2016년 겨울
저자 문정화

# Part. 1

창의성과 부모:
Helper,
지나친 도움은 독이다

"아이들에게 그림 그리는 법을 가르쳐 주지 마라!"
파블로 피카소Pablo Picasso의 말이다. 아이들은 그림 속에
자신만의 세계를 창조한다. 그러나 기성세대인 부모가
창조자인 아이의 세계에 끼어든다.
"그 색보다는 이 색이 더 어울려.",
"색칠할 때는 선 밖으로는 나가지 않도록 해야 해."
이렇게 해서 아이의 창의력은 점점 씨가 말라간다.
부모의 역할은 사랑을 가장한 간섭이 아니다.
창의는 자유를 지향한다! 아이의 세계를 짓밟지 말자!
자유로운 아이의 영혼은 호기심과 상상력으로 꿈틀댄다.
아이를 키우는 건 모든 생명을 배태한 저 하늘이다.
그 생명 에너지를 자유롭게 받을 수 있는 환경을
부모는 만들어줘야 한다. 칭찬과 격려의 말 한마디만 하면
아이는 하늘을 머금는다.

# 머그잔에 끼인
# 커피잔

설거지를 하면서 꽤 신경 쓰이는 일이 벌어졌다. 머그잔에 커피잔이 끼어서 떼어지지 않는 것이었다. 온 식구들이 돌아가면서 두 개를 분리하려고 여러 번 시도했지만 실패했다. 머그잔 속에 커피잔 손잡이가 들어가면서 두 개가 아주 묘하게 꽉 끼게 되어 분리할 수 없게 된 것이다. 너무 꽉 낀 두 개, 결국 어느 하나도 사용할 수 없게 되었다. 결과적으로 서로에게 피해가 된 셈이다. 우리가 느끼지 못하는 사이, 자녀들과의 관계도 이렇게 된 것은 아닐까? 자녀를 향한 사랑과 관심이 집착이 되어 이제 막 피어나고 있는 자녀의 창의성을 밟고 서 있는 것은 아닐까?

"한국식 '간섭'을 버리니
아이들의 창의력이 폭발했다."

"아이들이 원하는 대로
그들만의 시간표를 만들게 하고
국어 대신 소설책을 읽게 하고
영어 대신 외국영화를 감상하도록 했다."

바로, 몽골에서 살다 온 남매,
'악동뮤지션' 부모의 교육방식이다.

그런데 오늘 하루도
엄마가 짜놓은 스케줄에 따라
바쁘게 움직여야 하는
부모의 아바타 같은 아이.

너무나 사랑하기 때문에
아이들이 하는 어떤 일도
그대로 놔둘 수 없는 엄마는
간섭하고 또 간섭한다.

학교 숙제도
친구 사귀는 일도 간섭하는 부모,

'내가 돌봐주지 않으면
아무것도 제대로 할 수가 없을 걸'
그렇게 착각하면서.


부모의 간섭과 보호에 길들어진 아이가
'나는 혼자서 할 수 있는 일이 없어'라는
의존의 늪에 빠지게 되면
스스로 문제를 해결하는 자세는 없어지고
창의성의 요구가 커지는 현실에서
어려움의 크기는 더욱 커져만 간다.


아이를 간섭하고 지시하는 엄마,
그렇게 하지 않으면
우리 아이가 다른 아이보다 뒤처질까 두렵다.


'애착'이 지나쳐 '집착'이 된 지 오래인데
엄마는 그것을 오히려 '사랑'이라고 말한다.
집착은 아이도 망치고
부모도 망가진다는 사실을 잊은 채.


자신감 없는 아이,
상상력과 창의성이 없는 아이와
"내가 너를 어떻게 키웠는데."라고 불평하는 부모는

모두가 패배자일 뿐이다.

머그잔에 끼인 커피잔처럼.


하버드 대학교의 데이비드 퍼킨스David Perkins 교수는 누구나 창의
력을 발휘할 수 있다고 주장한다. 그러나 만약 부모가 사랑이라
는 잘못된 이름의 레일을 깔아놓고 아이들에게 오직 그 위로만 달
리라고 한다면 아이들은 스스로 아무런 생각을 할 필요가 없게 된
다. 이런 상황에서 아이들의 사고력은 저하되며 창의성을 키울 기
회조차 얻지 못한다. 그런 아이는 창의성이 부족한 어른으로 성장
할 것이다. 스스로 원하는 일을 하는 것이 아니라 부모가 짜놓은
스케줄에 따라 부모가 지시하는 대로, 부모가 알려주는 대로, 부
모가 베풀어주는 대로 그냥 따라 하는 아이들에게서 어떤 창의성
을 기대하겠는가?

둘리의 만화작가 김수정은 한 언론과의 인터뷰에서 이렇게 말
했다.


창의성은 스스로가 생각하는 능력이다. 예전에는 부모가 먹고살
기 바빠 아이를 세세하게 챙기지 못했다. 그래서 아이가 다 알아
서 했다. 말썽을 피우기도 하고 실수도 했지만 자연스럽게 알아서
판단하는 능력이 생긴 거다. 그런데 요즘은 그렇지 않다. 아이 스

스로 해결하도록 하지 못하고 오히려 방해를 한다. 학교나 부모가 너무 많은 것을 규정해놓은 탓이다. 둘리가 인기를 끈 것도 따지고 보면 '아기공룡 둘리' 속의 캐릭터들이 자기 멋대로 행동하다가 실수를 하면서 잘못을 깨닫고 성장해나갔기 때문이다. 또 어른인 고길동은 아이들이 말썽을 부리면 뒷수습을 했지 간섭하진 않았다. 지금 어른들은 어떤가? 아이들을 재단해 수동적으로 만든다. 그런 분위기에선 결코 창의적일 수 없다. 아이들이 제대로 놀지 못하게 하는 걸 보면 정말로 답답하다. 최근 한 여자 초등학생이 썼다는 '잔혹동시'를 읽어봤다. 결국 어른들에 의해 폐기됐다. 그런데 아이들은 이렇게 생각할 수도 있다. 이런 아이도 있고 저런 아이도 있다. 그저 아이들의 다양성을 인정해주고 북돋워 주면 된다. 아이들이 하고 싶어 하는 말을 막아서 과연 창의성이 나오겠는가. 부모는 남을 직접 해하려는 것이 아니라면 아이를 되도록 놔두는 게 좋다. 그래야 새로운 것이 나온다. 그런 면에서는 과거보다 더 나빠졌다.

이데일리, 2015.8.4

엄마의 보호와 간섭에 지나치게 노출된 아이는 다른 사람과 타협하고 협동할 능력이 떨어져 사회성이 부족한 아이로 자라나게 된다. 또한 스스로 창의성도 키울 수 없어 어떤 문제도 창의적으로 해결하지 못하고 고리타분하게 처리할지 모른다. 악동뮤지션의 부모처럼 과감하게 '간섭'을 버려라. 단 한 걸음만 멈춰 서서 여유를 가지고 아이가 하는 것을 지켜보라. 아이를 진정으로 사랑한다면 아이와 적절한 거리를 유지하면서 지시자나 간섭자가 아닌 조력자에서 멈춰야 한다.

부모의 집착은 아이가 스스로 아무것도 할 수 없는 의타심을 키우고, 부모는 늘 아이의 삶을 대신 살아가면서 어쩌면 평생 동안 그렇게 서로가 아파하고 힘들어할지 모른다. 머그잔에 끼인 커피잔처럼 말이다.

" 제발, 나 좀 놓아줘! "

머그잔에 끼인 커피잔

# 엄마도
# 그러잖아요!

한 어린이가 말을 확실하게 하지 못하고 항상 우물우물거리며 말끝을 흐렸다. 그러다 보니 가끔 친구들과의 대화도 어려울 때가 있을 뿐만 아니라 아이와 대화를 나누는 교사도 자주 애를 먹었다. 선생님은 왜 그럴까 고민하며 교정해주려 애를 쓰다가 실패하자 아이의 부모님을 학교로 불렀다. 아이에게 이러이러한 문제가 있으니 잘 점검해 보고 원인을 찾아 치료했으면 좋겠다는 말을 전하기 위해서였다.

그런데 아이 문제로 학교에 온 아이의 엄마와 잠깐 얘기를 하다 보니 원인이 무엇인지를 쉽게 찾을 수 있었다. 다름 아닌 엄마도 아이와 똑같이 자신의 생각을 정확하게 표현하지 못하고 우물우물하는 것이 아닌가!

아이의 모습은 부모의 모습과 닮아 있다. 아이를 보면 부모를 알 수 있는 법이다.

아빠가 허리에 뒷짐을 지고 걷는다.
아이도 그대로 흉내 내다가
똑같이 뒷짐을 지고 걷는다.

엄마가 "아이, 짜증나! 못살겠어!"를 입에 달고 산다.
아이도 인형을 만지며 "아이, 짜증나! 못살겠어!"라며
표정까지 똑같다.
그 부모의 그 아이인데.

아빠는 '바담 풍風' 하면서
아이는 '바람 풍風' 하기를 바란다.
엄마는 TV 드라마를 보면서
아이에게는 공부하라고 강요한다.
어떻게 아이가 '바람 풍風'이라고 할 수 있을까?
어떻게 스스로 공부를 할 수 있을까?
그 부모의 그 아이인데.

부모는 판에 박힌 고리타분한 생각을 하고
늘 융통성 없이 행동하는 데
아이는 어떻게 매사를 새롭게 생각하고
창의적으로 살아갈 수 있을까?
그 부모의 그 아이인데.

엄마도 그러잖아요!

버려진 헌 구두에 예쁜 화초를 심는 엄마를 보고,
아이스크림 통을 예쁘게 꾸며 저금통으로 변신시키는 딸.
창의적인 부모의 행동을 볼 때마다
아이의 창의성은 한 뼘씩 한 뼘씩 소리 없이 커 간다.
그 부모의 그 아이이기에.

스티브 잡스는 자동차 수리공인 아버지에게
일을 처음부터 끝까지 꼼꼼하게 처리하는
완벽주의를 배웠고
톨스토이는 아버지의 일기 쓰는 모습을 보고
일기를 쓰며 자기 자신을 성찰하며 살았다.
그 부모의 그 아이이기에.

사랑도 받아본 사람만이 사랑할 수 있고
창의적인 행동을 본 사람만이
창의적인 행동을 할 수 있으니
아이가 창의적으로 행동하기를 원한다면
부모가 먼저 창의적인 행동을 해야 한다.

아이의 창의적 행동은 부모로부터 절대적인 영향을 받는다. 일상
생활에서 자녀에게 얼마나 창의적인 행동을 보여주었는지 떠올
려보라. 지금까지 같은 재료로 똑같은 요리만 해주었는가? 아니

면 같은 김밥이라도 하트 모양을 만들어 하트 모양의 접시에 하트 모양으로 담아보는 시도를 해보았는가? 아이의 생일 때마다 케이크에 촛불을 켜고, 저녁 식사를 하고, 선물을 주는 식의 매년 같은 방식으로 축하하고 있는가? 아니면 생일축하 글씨가 새겨진 풍선을 불어 아이 방 가득 채워주고, 사랑하는 아이에게 보내는 메시지를 풍선에 매달아 보물찾기를 해보도록 시도해 보았는가?

장난감을 치우지 않는다고 똑같은 말로 매일 잔소리를 하고 있는가? 아니면 종이비행기에 '다 놀았으면 장난감은 제자리에 정돈'이라는 메모를 적어 날려 보내 보았는가?

창의적인 부모가 창의적인 아이를 만든다. 부모부터 열린 사고로 창의적으로 행동하자. 아이의 뇌에는 상대의 말, 행동, 표정을 읽고 그대로 따라 하는 거울신경세포$^{Mirror neuron}$[1]가 활동한다. 아이가 어릴수록 이 세포는 상대방의 모든 것을 복사기처럼 따라 한다. 지금 바로 자신의 아이를 보자. 당신의 축소판이지 않은가? 그렇다면 아이에게 어떤 정보를 제공해야 하겠는가!

『공부하는 유대인』의 저자 힐 마골린$^{Hil Margolin}$은 한국아이 릴리를 입양해 유대인 교육방식으로 훌륭하게 키웠고, 릴리는 하버드대학교를 졸업하고 현재 구글에서 일하고 있다고 한다. 마골린 부

---

1   거울신경세포는 동물이 특정 움직임을 수행할 때에나 다른 개체의 특정 움직임을 관찰할 때 활동하는 신경세포이다.

부는 자녀에게 공부를 강요하지 않고 유대인의 전통적인 교육방식대로 자녀의 생각과 재능을 존중하면서 대화와 토론을 통해서 교육했다. 그들은 아이들이 가진 능력을 최대한 끌어내도록 돕는 것이 부모의 역할이라고 믿는다. 따라서 자녀의 지적 호기심을 키워주기 위해 끊임없이 질문할 기회를 주었으며 이를 통해 자녀의 관심분야가 뭔지를 알 수 있었다. 때로는 자녀들과 질문만을 주고받으며 하루를 보낸 적도 있다 한다.

그런데 힐 마골린의 이러한 교육법은 모두 자신의 아버지에게 배웠다고 한다. 신문기자였던 아버지는 아무리 바빠도 반드시 하루 1시간은 가족과 식사하면서 대화하고 토론하면서 유대감도 형성했다. 그리고 이런 과정을 통해 생각의 과정을 배우고 자녀들이 자신의 미래를 설계하도록 했다. 특히 '만약~한(하지 않는)다면' 이란 의문을 끊임없이 품게 하는 방식을 통해 '다르게 생각하는 힘'을 길러주었다. 이것이 곧 창의력을 키우는 지름길이라 여겼기 때문이다. 이런 아버지의 교육을 받고 자란 마골린은 이를 자연스럽게 자신의 자녀교육에 그대로 적용했다. 그것은 바로 그 아버지의 모습을 보고 자랐기에 가능했던 것이다.


"나는 이 다음에 엄마처럼 살지 않을 거야.", 아니면 자녀를 낳아 기르면서 "내 아이는 엄마처럼 키우지 않을 거야."라고 다짐한 적이 있는가? 그런데 어느 날, 너무도 엄마와 똑같이 닮아 있는 자신의 모습을 보고 놀란 적이 있을 것이다. 점차 나이가 들어가면서 문제해결 방법이나 대인관계 등은 물론 심지어 말투나 습관까지 모두 엄마를 닮아가고 있음을 깨달으면서 스스로도 깜짝깜짝 놀란 경험이 있을 것이다. 이는 어릴 때부터 성장하면서 엄마의 생각과 행동을 보고 자신도 모르는 사이에 체득한 결과이다. 아이들은 부모의 모습을 비추어 내는 거울이기 때문이다.

그렇다면 우리 부모들은 자녀를 위해서 어떤 행동을 보여줄 것인가. 일반적인 행동 외에도 문제해결이나 창의적 성취를 위한 행동 역시 부모의 모습을 보고 자라나는 아이에게는 창의성이 클 수도 있고, 죽을 수도 있다.

" 넌 왜 나만 따라하니? "

엄마도 그러잖아요!

# 우리 아이는
# 어떤 꽃일까?

현아는 "나뭇잎을 침대 삼아 쌔근쌔근 잠이 든 풀벌레 위로 노란 해님이 인사해요."라고 표현할 줄 아는, 언어 상상력이 풍부한 아이다. 하지만 숫자를 다루는 일은 영 힘들고 재미없어한다. 재현이는 점토나 모래, 다른 여러 가지 재료를 사용하여 다양하고 특이한 형태를 만들어 내는 미술적 재능이 뛰어난 아이다. 하지만 친구들 앞에서 말을 잘 못하고 쉽게 어울리지 못한다. 영은이는 들었던 노래를 단순히 따라 하는 것이 아니라 멜로디나 가사를 응용해 부르기도 하는 음악적 재능이 뛰어난 아이다. 하지만 체육시간이면 친구들보다 느리고 운동신경이 둔하다는 지적을 자주 받는다.

정원 울타리,
그 끝자락 여기저기에 매달린 붉은 장미는
불타는 정열과 화려함으로 아름답지만,
순수한 사랑과 순결의 꽃 흰 백합화도
그 은은하고 감미로운 향기 때문에 아름답지 않은가.

서양란은 화려함으로 아름답고,
동양란은 고귀한 자태를 뽐내며
부드러운 선과 영묘하기 그지없는 꽃 모양의
신비한 매력 때문에 아름답다.

넓은 들녘, 고요한 산기슭,
여기저기에 피어 있는 이름 모를 작은 들꽃조차
자신만의 특색과 매력을 지녀 아름답기만 하다.

제 뜻대로 피어난 아름다운 꽃들은
모양과 색상, 향기가 저마다 다르니
잘 자라는 데 필요한 물이나 햇볕의 양,
적절한 온도가 제각기 다르고
꽃 피는 시기와 기간, 살아가는 곳도
저마다 각각 다르다.

그래서 매일 물을 주어야 하는 꽃이 있는가 하면

우리 아이는 어떤 꽃일까?

한 달에 한 번만 물을 주어야 하는 꽃도 있고,
햇빛을 자주 볼수록 예쁘게 피는 꽃이 있는가 하면
음지에서 더 곱게 아름다움을 보여주는 꽃도 있으며,
며칠이고 질기게 피는 꽃이 있는가 하면
피는가 싶게 뚝뚝 떨어지는 슬픈 꽃도 있으니,

모든 꽃들의 다양한 매력과
그들만의 고유한 아름다움이
제각기 생긴 그대로 빛을 발하면
그곳은 신의 축복으로 가득한
아름다운 정원이 된다.

우리 아이들도 아름다운 꽃들을 닮아
저마다 각자 소질이나 능력이 다르니
다른 아이들과 다른 자신의 능력이 빛을 발할 때
아름답고 행복한 꽃이 된다.

내 아이는 어떤 꽃일까?
내 아이는 어떤 아름다움을 지니고 있을까?
그것을 찾아 길러주는 부모는
진정한 사랑을 베푸는 모델이다.

옆집 아이는 그림을 잘 그리는데 왜 우리 아이는 그림을 잘 못 그릴까? 아랫집 아이는 학교 성적이 좋은데 왜 우리 아이는 성적이 그만 못할까? 이렇듯 여러 가지를 비교하면서 아이들을 책망하거나 조급하게 생각할 필요는 없다. 다른 아이들과 하는 비교는, 부모들에게는 조바심을 부르고 아이들의 얼굴에는 근심의 그늘을 드리우게 할 뿐이다.

이렇듯 아이들은 각자가 갖는 관심과 재능이 다를 뿐만 아니라 학습스타일도 다르다. 혼자 조용한 곳에서 공부하기를 좋아하는 아이들이 있는가 하면, 어떤 아이들은 여러 명이 함께 떠들면서, 심지어 뭔가를 먹거나 때로는 음악을 들어가면서 학습하기를 선호한다.

또한 기질도 각기 다르다. 새로운 환경에 적응도 잘하고 우호적이고 순한 아이가 있는가 하면, 매우 활동적이면서도 부정적인 정서를 자주 보이는 까다로운 아이도 있고, 비활동적이고 적응이 느린 아이도 있다. 호기심, 과제집착력, 모험심이 강한 아이가 있는가 하면, 그렇지 않은, 정반대의 아이들도 있다. 하나를 가르치면 열을 아는, 영재 특성이 돋보이는 아이가 있는가 하면, 열 번을 설명해도 이해를 못하는 아이도 있다.

이런 각기 다른 특성을 가진 아이들을 똑같은 방법으로 교육하는 것은 사막에서도 잘 견디는 선인장에 매일 물을 주어 키우는 것과 다를 바 없다. 청명한 봄날, 피어난 노란 민들레꽃에게 "너는 왜 흰 눈 소담히 내리는 겨울날에 붉디붉게 피어난 동백꽃처럼 아름나운 꽃을 피워내지 못하니?"라고 책망할 수 있을까? 민들레꽃은 민들레꽃이고, 동백꽃은 동백꽃이다. 우리아이의 '올바른 키움'의 출발점은 다른 아이들과 다르다는 점을 인정하는 데서부터라는 사실을 기억해야 한다.

하버드대학교 하워드 가드너<sup>Howard Gardner</sup> 교수는 인간의 정신 능력을 IQ와 같은 한 가지 지적 능력만으로 설명할 수 없으며, 인간의 정신 능력이 개인마다 영역별로 다르다는 전제로 '다중지능 이론'을 제시한다.

다중지능 이론에 따르면 말솜씨가 좋거나, 글을 잘 쓰는 사람은 언어지능이 높고, 수학적인 상징을 잘 이해하고 논리적인 사고력이 높은 사람은 수학-논리지능이 높다. 멜로디와 리듬을 잘 다루는 사람은 음악지능이 높고, 몸짓이나 동작 등에 민감하게 반응하는 사람은 신체-운동지능이 높다. 위치와 방향 감각이 뛰어난 사람은 공간지능이 높고, 남을 잘 이해하고 사회성이 높아 타인과 잘 사귀는 사람은 대인관계지능이 높다. 스스로를 잘 성찰하고 단련하는 사람은 자기이해지능이 높으며, 자연을 잘 이해하고 따뜻하게 보살필 줄 아는 사람은 자연친화지능이 높다.

물론 모든 아이들이 하나의 영역에서만 뛰어난 것은 아니다. 두 개 이상의 다양한 영역에서 능력을 보일 수도 있다. 하지만 잘하는 게 하나도 없는 아이는 없다. 우리의 자녀는 어느 영역에 뛰어난 능력이 있는지 살펴보자. 창의성도 어느 영역에서 창의성을 잘 발휘하느냐는 개인마다 다르다.

자녀가 어떤 면에 소질이 있어서 어떤 영역에서 특별히 창의성을 발휘할 수 있는지 찾아내어 아이의 특성에 알맞은 교육법을 적용하는 것이 바로 올바른 교육의 첫 단추를 끼우는 일이다. 모든 아이들이 기질이나 능력이 같지 않은데 모두 똑같이 키우려고 한다면 아이의 선천적인 재능은 무용지물이 되고 만다.

" 넌 노래 부르는 것이 좋다구?
난 축구가 훨씬 좋다! "

우리 아이는 어떤 꽃일까?

# 자신감,
# 그 녀석

"마음에 두려움이 가득하면, 간단히 네 마음을 속여 봐.

마음은 바보라서 그 주문에 매혹 될 거야. 휘파람을 불며 외쳐봐,

알 이즈 웰All is well."

인도 영화, 〈세 얼간이〉에서 젊은이들이 부르는 노래다. 영화 속 주인공 란초는 인간의 마음은 겁을 잘 먹는다고 말한다. 그래서 자신은 큰 문제가 생기면 가슴에 대고 "알 이즈 웰."이라고 말한다고 친구들에게 가르쳐준다. 그들은 모두 '알 이즈 웰'을 입에 달고 다니며 용기를 내고, 그 용기가 자신감으로 변하고, 그 자신감이 성공이라는 선물을 가져다준다.

자신감, 그 녀석
그 녀석이 없을 때 불안하고
그 불안은 일을 망친다.

자신감이 없는 무용수는
실수를 계속하고,
자신감이 없는 성악가는
목소리가 계속 떨리며,
자신감이 없는 아이는
남 앞에 나서기를 싫어한다.

자신감은 평범함도
위대하게 만들어주는
놀라운 녀석!

하지만 자신감은
무조건적인 믿음에서만
나오지 않는다.

자신감은
작은 성취감이 지속적으로 쌓일 때,
그리고 성공의 경험이 많아질 때 찾아온다.

아이의 자신감을 키워주기 위해서는

아이가 재미있어하면서

잘할 수 있는 일을

자주 해보도록 기회를 주어라.


행여 실수하거나 실패한다 해도

도전하면 성취할 수 있다는

"Can Do." 정신을 불어넣어 주자.

자신감은

창의적 성취로 가는

첫 번째 계단이기 때문이다.


창의적인 성취는, 어떤 목표를 세웠다면 그 일을 잘할 수 있다는 자신감이 갖추어져 있을 때 가능하다. 자녀가 자신감이 부족하여 일을 그르칠까 두려워하고 있다면, 대신 '나는 할 수 있어'라는 긍정적 사고의 자기암시로 자신을 믿고 도전하는 용기를 심어주어야 한다. 《물은 답을 알고 있다》의 저자 에모토 마사루는 긍정적인 언어와 부정적인 언어를 사용할 때, 물조차 그 반응이 확연하게 차이가 난다고 했다.

『도덕경』에 '勝人者有力 自勝自强승인자유력 자승자강'이란 말이 있다. 이는 "남을 이기는 자는 힘이 있는 사람이지만, 자신과 싸워 이기는 자는 진정한 강자이다."라는 뜻이다. 요즘 아이들은 남을 이기는 데는 익숙하지만 자신을 이기는 데는 익숙하지 않다. 부모가 원하는 삶을 살았기 때문에 혹은 자기 자신이 하고자 하는 것에 자신감이 부족하기 때문이다. 그러나 자신의 나약함을 이겨낼 때 진정한 강자가 된다.

창의력이란, 세상에 없는 것을 스스로 조합해서 만들어내는 능력이다. 그러므로 자신감이 결여되면 결코 갖출 수 없는 힘이다. 따라서 어려서부터 스스로 결정하고 문제를 해결하는 능력을 길러 자신감을 키우는 훈련이 필요하다. 이것이 창의력의 밑거름이 된다. 그리고 계속해서 아이 스스로 자기 일을 할 수 있도록 용기라는 자양분을 공급해주어야 한다. 아이의 수준에 알맞은 일부터 혼자서 해결할 기회를 부여하고, 아이가 이루어낸 작은 성취에도 큰 기쁨을 맛볼 수 있도록 칭찬으로 격려하자. 이는 유대인 자녀교육법의 기본 원리이기도 하다. 그들이 세상을 창조적으로 사는 것은 창의력의 불씨를 살릴 수 있는 격려의 부채질을 아주 구체적으로 자세하게 했기 때문이다.

지금보다 더 치열하게 경쟁하며 살아야 할 2030년의 세대, 우리 아이들에게도 이제 말해주어야 한다.

"All is well. I believe in you!"(다 잘 될거야. 난 널 믿어!)

이 말을 하루에도 여러 번 해주자. 무언가 좋은 일이 벌어질 것이다.

# 당신이라면
# 뭐라고 말했을까?

희극배우와 감독으로 크게 성공한 찰리 채플린<sup>Charlie Chaplin</sup>의 경우, 어릴 때부터 찰리가 동네 사람들의 모습을 흉내 내면 어머니와 동네 사람들은 배꼽을 쥐고 데굴데굴 구르며 웃었다. 그들은 모두 찰리를 가리켜 "저 애는 천재적인 광대야."라고 말했다.

그러나 찰리는 본래 내성적이고 용기가 없는 소년이었다. 그는 어머니의 주선으로 겨우 연극의 단역을 맡았지만 너무 떨려서 실력을 제대로 발휘하지 못했다. 그럴 때마다 그는 어머니가 수시로 해주는 조언으로 용기를 얻곤 했다. "찰리, 너는 세계를 사로잡는 훌륭한 배우가 될 수 있어. 난 너를 믿는다. 암, 믿고말고."라고 그의 어머니는 말씀하셨다. 아들에게 언제나 용기를 준 어머니의 이 말은 그를 천재로 키운 자양분이었다. 그 힘으로 찰리는 자라서 최고의 배우라는 열매를 맺었다.

엄마의 말에 한마디도 지지 않고,
꼬박꼬박 말대답도 잘하고,
또래 아이들을 모아놓고
종알종알 잘도 지껄이는가 하면
웬만한 실수는 그럴싸한 말재주로
꾸중을 피하는 딸아이를 향해
"아이고! 저 불여우,
꼬맹이가 입만 살아가지고…….
넌 도대체 커서 뭐가 되려고 그러니?
제발 입 좀 다물어라."

당신이라면 뭐라고 말했을까?

화장실 변기가 잠수함이란다.
막대 수세미는 변기 속에서
오르락 내리락하면서 잠망경이 되어 있었고
변기 물을 수시로 내리며
파도가 심하다고 걱정하는 말까지 하는 아들을 향해
"제발 말도 안 되는 소리 좀 그만해라.
변기가 잠수함이라니!"

당신이라면 뭐라고 말했을까?

딱정벌레 한 마리가 나무껍질 속으로 숨는 것을 보았다.

나무로 달려가서 나무껍질을 벗겨 내고

그 곤충을 손에 움켜쥐었다.

그리고 그 속에

두 마리가 더 숨어 있는 것을 보았다.

하지만 크기가 너무 커서

한 손에 한 마리씩밖에 잡을 수 없어

남은 한 마리를 입속에 집어넣고

쏜살같이 집으로 달려갔다.

찰스 다윈의 어린 시절 이야기다.


붕어빵을 찍어내는 대학에서는

더 이상 배울 것이 없다고 판단했다.

결국, 그 아들이 대학 중퇴를 결심했을 때

그의 어머니는 아들의 편이 되어 완고한 아버지를 설득하였다.

빌 게이츠에 대해 잘 알려진 일화이다.


만약 당신이라면 이런 상황에서 뭐라고 말했을까?


부모의 말 한마디가 아이의 미래를 좌우한다. 아이의 호기심과 상상력을 키울 수 있는 따뜻한 칭찬의 한마디, 아이의 재능을 꽃피울 수 있는 격려의 말로 아이가 꿈을 쏘아 올릴 수 있도록 긍정의 에너지를 주자. 그리고 차동엽 신부가 주장한 것처럼 '3p'로 말해보자. 3p란, 긍정적으로positive, 현재형으로present, 개인적으로personal의 약자이다. 3p로 말을 하면 아이는 다른 누군가가 아니라 자신의 모든 것을 현재 상태에서 긍정적으로 보고 느끼고 생각하고 행동한다고 한다. 예를 들어 또래 아이들에 비해 유난히 말을 잘하는 아이를 말이 많다는 이유로 짜증을 낸다면 이는 아이의 언어 재능의 싹을 꺾는 것이다. 따라서 아이가 말을 잘한다면, "너는 personal 언어에 특별한 재능이 있어 보이니present, positive 외교관이 되면 아주 좋겠구나."라고 격려해보라.

지금은 중학생이 된 우영이가 초등학교 때 일이다. 2학년 방학숙제로 당근이 어떻게 자라는지 실험하는 과제를 선택했다. 먼저 주변에서 쉽게 구할 수 있는 당근 두 개를 똑같은 크기와 무게로 잘라, 투명한 유리컵에 같은 양의 물을 넣고 관찰을 하였다. 이 때 한 쪽에는 '사랑해요', 다른 한 쪽에는 '미워요'라는 포스트잇을 붙이고 매일 한 번씩 '사랑해요'와 '미워요'를 각각의 당근에게 말해주었다.

5일이 지난 후 싹이 나기 시작했는데 그 때부터 이미 양쪽 당근 싹의 크기가 달라 보였다. 그리고 12일이 지났을 때, 두 컵에서 자라난 당근의 모습은 누가보아도 확연히 달랐다. 물론 '사랑해요'를 듣고 자란 당근이 더 크고 풍성한 잎을 띄고 있었던 것은 말할 필요도 없다. 한마디의 말이 얼마나 중요한지를 보여준 놀라운 실험 결과였다(문정화 저『내 아이를 위한 의사결정능력 코칭』중에서)

식물도 좋은 말을 듣고 자랄 때 성장도 빠르고 잎도 풍성하다. 반면에 좋지 않은 말을 들을 때는 비실비실하여, 풀 죽은 아이마냥 고개를 숙인다. 하물며 아이들에게 던지는 부모의 한마디는 아이들의 머리와 가슴에 파고들어, 긍정의 사고로 자리할 때는 자신감과 창의력이 키워지며, 부정적인 사고로 안착할 때는 열등감을 키워 창의력의 싹을 시들게도 한다.

만약 아이가 이런 말을 한다면 당신은 뭐라고 말할 것인가?

- 설명서를 보면서 로봇 조립 방법을 골똘히 생각하고 있는 아이에게 "네가 그걸 어떻게 한다고 주물럭거리고 있어. 이리 줘. 내가 해줄게."라고 할 것인지, 아니면 "아주 진지하게 생각하는 모습이 어른 같네. 조금만 더 고민해보고 어려우면 아빠에게 얘기하렴."이라고 할 것인지.

- "엄마, 무지개는 물렁물렁해요? 딱딱해요?"라고 묻는 아이에게 "그런 건 알아서 뭐하니. 몰라도 돼."라고 핀잔을 줄 것인지, 아니면 "그게 궁금하구나. 네 생각은 어떤데?"라고 아이의 호기심을 인정하고 스스로 생각하고 상상할 기회를 줄 것인지.


말도 안 되는 잠수함 놀이를 하다가 화장실을 엉망으로 만든다고 야단치는 대신 "그 잠수함의 이름은 뭐니?", "그 잠수함은 뭐 할 때 사용하는 걸까?" 등의 질문으로 아이의 상상력을 키워주어라. 아이의 가능성은 무궁하다. 그러나 말 한마디에 따라 가능성에 돛을 달아줄 수도 있고, 인생을 좌절시킬 수도 있다.

딱정벌레를 입에 물고 왔다고 해서, 대학을 중퇴한다고 해서, 자녀를 야단치고 부모가 부정적으로 반응했다면 오늘날 찰스 다윈의 진화론이 세상에 나왔을지 의문이고, 빌 게이츠의 성공 신화도 보지 못했을 것이다.

# 크리에이티브 업그레이드
## Ver.1

평소에 자녀에게 아래와 같은 말을 하는가? 각 문항마다 '예' 또는 '아니오'에 답하고, '예'에 답한 문항이 얼마나 되는지 살펴보라.

|  |  | 예 | 아니오 |
|---|---|---|---|
| 1 | 말도 안 되는 소리 하지도 마라! | ☐ | ☐ |
| 2 | 제발 입 좀 다물어라! | ☐ | ☐ |
| 3 | 공부나 잘해! | ☐ | ☐ |
| 4 | 네가 뭘 안다고! | ☐ | ☐ |
| 5 | 쓸데없는 짓 좀 그만해!! | ☐ | ☐ |
| 6 | 하라면 할 것이지, 웬 말이 그렇게 많니? | ☐ | ☐ |
| 7 | 넌 누굴 닮아서 그렇게 엉뚱하니? | ☐ | ☐ |
| 8 | 그거 해보나마나 안 돼! | ☐ | ☐ |
| 9 | 참견 말고 네 할 일이나 해! | ☐ | ☐ |
| 10 | 아니! 뭐 그런 당연한 걸 가지고 떠들고 그러니? | ☐ | ☐ |
| 11 | 얼씨구! 잘~ 한다! | ☐ | ☐ |

| | | 예 | 아니오 |
|---|---|---|---|
| 12 | 어린애는 그런 거 몰라도 돼! | ☐ | ☐ |
| 13 | 네가 그것을 어떻게 해. 내가 해줄게. | ☐ | ☐ |
| 14 | 제발 좀 치워라! | ☐ | ☐ |
| 15 | 왜 너는 바보 같은 것만 물어보니? | ☐ | ☐ |
| 16 | 시키는 대로 하기나 해! | ☐ | ☐ |
| 17 | 넌 너무 어려서 하면 안 돼! | ☐ | ☐ |
| 18 | 아이구! 돈이 아깝다! | ☐ | ☐ |
| 19 | 이것도 몰라? | ☐ | ☐ |
| 20 | 도대체 넌 커서 뭐가 되려고 그러니? | ☐ | ☐ |
| 21 | 야! 지금은 그런 거 할 때가 아니야! | ☐ | ☐ |
| 22 | 네가 하는 일이 다 그렇지 뭐. | ☐ | ☐ |
| 23 | 여자면 여자답게 놀아야지! | ☐ | ☐ |
| 24 | 너 바보니? | ☐ | ☐ |
| 25 | 그것 봐! 내가 안 된다고 했잖아! | ☐ | ☐ |
| 26 | 너 한 번 만 더 그래봐! | ☐ | ☐ |
| 27 | 그거 없이도 엄마는 잘 살았어. | ☐ | ☐ |
| 28 | 내가 너한테 투자한 게 얼만데? | ☐ | ☐ |
| 29 | 말이나 못하면. | ☐ | ☐ |
| 30 | 제발, 형(동생)의 반만 따라와 봐. | ☐ | ☐ |

- '예'에 응답한 숫자가 많을수록, 내 아이의 창의성에 독을 뿌릴 수 있으니 주의 요망.
  위의 문항들 외에 또 자녀의 창의성에 독이 되는 말을 하고 있는 것은 아닌지 생각해 보라.

# Part. 2

# 창의성 교육의 함정:
# 허와 실을 찾아라

런던비즈니스스쿨의 객원 교수이자 세계적 경영전략가인
개리 해멀Gary Hamel은 "세상은 지식 기반 경제에서,
창의성 기반 경제로 전환하고 있다.
새로운 가치는 창의성으로 이룰 수 있다."고 했다.
그는 미래 사회 경쟁력의 원동력을 창의성으로
본 것이다. 우리는 창의성에 대해 얼마나 잘 알고 있을까?
그 어느 때보다도 창의성이 강조되고,
강조가 지나쳐 오히려 식상해져버린 창의성.
제대로 알고는 있을까? 새로운 것은 모두 창의성일까?
창의성은 훈련 없이 저절로 길러지는 것일까?
모방은 창의성이라고 말할 수 없는 것 아닐까?
지능이 높으면 창의성도 높을까?
확산적 사고만 잘하면 창의적이 될까?
창의성에 대한 잘못된 생각을 알아보고
그 진실에 다가가 보자.

# 새로운 것은
# 모두 창의성이다?

오래전, 라디오 방송의 〈조영남 최유라의 지금은 라디오 시대-'웃음이 묻어나는 편지'〉라는 코너에 '우리 누나 좀 말려주세요!'라는 재미있는 사연이 소개되었다.

요리강습을 다니기 시작한 누나가 집에 오면 실습을 하는데, 누나의 요리는 맛이 없어 도저히 먹을 수가 없다는 내용이었다. 너무 맛이 없어 자기 집의 강아지도 밥그릇을 발로 차버릴 정도라고.

어느 날 동생을 위해 만들어준 새로운 누나표 요리도 느끼해서 도저히 먹을 수가 없었다고 했다. 누나는 그 요리가 터키의 어떤 요리와 우리나라 비빔밥을 혼합한 새로운 형태의 독특한 퓨전요리라고 강력하게 주장했지만, 역시 한 숟가락 맛보는 것으로 끝내야 했다고 한다.

모든 면에서 엉뚱하고 새로운 시도가 주목을 받는다.
창의성이 필요한 시대라면서
일상적이고 평범한 것은 거부한다.
엉뚱하고 새로운 것이면 모두 창의적일까?

물에 담그면 비로소 글씨가 보이는 편지,
물론 새롭다. 모두 신기해한다.
그리고 그런 종이를 활용해 쓴 편지는 친구를 감동시켰다.
정말 멋진 아이디어다.

새로운 글씨체를 만들어 편지를 보냈다.
그런데 아무도 내용을 해독할 수 없었다.
글씨체가 새롭긴 하지만
글을 쓴 사람만이 읽을 수 있는 글씨체였다면,
이 글씨체는 정말 창의적인 것일까?

양평에 있는 '꿈꾸는 사진기' 카페에서는
사랑스러운 카메라 모양의 이색적인 건물에
가지각색의 수많은 카메라를 전시하고 있다.
계단 벽에 촘촘하게 붙은 손님들의 폴라로이드로 사진,
새롭고 독보적인 테마로 구성된 인테리어가
손님들의 눈을 사로잡는다.
정말 한번 가보고 싶어지는 창의적인 인테리어다.

새로운 것은 모두 창의성이다?

그런데 만약 카페의 한쪽 벽을
모두 깨진 유리병으로 잔뜩 박은 채 장식했다면?
남들이 시도하지 않은 새로운 방법이겠지만,
만약 어떤 손님이 유리병에 찔리기라도 한다면,
비록 신기해 보일지라도
뾰족 뾰족 깨진 병들은 섬뜩한 느낌을 줄 것이다.
이 유리병 카페 인테리어는 창의적인 것일까?

치과의사가 환자의 입 크기에 꼭 맞는
치아교정 틀을 만들었다.
환자는 편안하다고 만족해했다.
이 또한 창의적인 성취임이 분명하다.

그런데 만약 평범한 의사이기를 거부한 한 치과의사가
입 크기에 맞추지 않고 굽이치는, 물결 같은 형상으로
치아 교정 틀을 만들었다면?
그는 매우 예술적인 것으로 생각했지만
환자는 자기 입에 낄 수 없다며 화를 냈다.
이 치아교정 틀을 창의적이라 할 수 있을까?

하늘 아래 사람이 사는 모든 곳에는 문화와 규범이 있다. 그 사회
에 통용될 수 있는 프레임이 있다는 말이다. 따라서 새로운 것이

되려면 프레임 내에서 통용되어야 한다. 그 이외의 것은 필요 없는 것에 불과하다.

창의성을 키우려면 재조합능력이 뛰어나야 한다. 현실 감각 또한 무시할 수 없다. 창의성에 대한 연구의 대가이자 사회심리학자 트리사 애머빌Teresa Amabile은 진정한 창의성의 공통적 특징으로 '신기함'과 '적절함'이라는 두 요소를 꼽았다. 그에 의하면 창의적인 것은 재연이 아니고 새롭고 독특해야 하며, 또 단순히 새롭고 독특하기만 한 것이 아니라 내용이나 효과 면에서 유용하고, 현실적으로 적합해야 한다는 것이다. 누군가를 창의적이라고 하는 것은 그 사람이 만들어낸 것이 새롭고 쓸모가 있다는 것을 의미한다.

새롭게 개발한 퓨전요리가 먹을 수 없다면, 새로운 글씨체를 아무도 읽을 수 없다면, 독특한 인테리어가 사람들에게 섬뜩한 느낌을 들게 하고 상처를 준다면, 그 새로운 산출물은 결코 창의적이라 할 수 없다. 새로운 것이라고 해서 모두 창의적이라고 할 수 없는 것은 아니라, 새롭다는 것 말고 최소한의 현실적이며 쓸모 있는 유용성의 가치가 있어야 한다는 것이다.

# 모방은
# 창의성이 아니다?

창의성 수업에 참여하는 대학생들에게 물었다. "비행기는 누가 발명했는가?" 초등학교 때부터 '비행기' 하면 '라이트 형제'라고 배웠기에 쉽게 대답했다. 그들은 최초로 동력을 이용한 비행기를 발명했는데 이 발명품은 창의성의 소산인가? 모든 학생이 '예'라고 답했다.

그렇다면 현재 우리가 하늘을 나는 수단으로 이용하는 비행기 역시 창의성의 소산인가? 이 질문에는 몇몇 학생들은 대답을 망설였다. 그 다음 질문을 이어갔다. "지금 만약 여러분에게 비행기를 타라고 한다면 라이트 형제가 발명한 비행기와 보잉 747 중에 어떤 것을 선택할 것인가?"를 물었다. 옛것에, 아니면 위내한 발명품에 대한 막연한 호기심을 갖고 있는 소녀 같은 한두 명의 학생을 제외하고는 모두가 보잉 747을 탈 것이라고 했다.

아주 솔직한 예술가에게 물었다

"당신은 어디에서 아이디어를 얻나요?"

"훔치는 거죠."

혁신의 아이콘 스티브 잡스는 말했다.

"위대한 아이디어를 훔쳤다는 사실에 한 점 부끄러움이 없다."

LA 레이커스 소속의 코비 브라이언트Kobe Bryant도 인정한다.

"코트에서의 내 모든 동작은

내가 영웅으로 삼았던 선수의 비디오테이프를 보면서

그 기술을 훔치듯 익혔다."

역사상 가장 성공적인 대중음악가로 알려진

비틀즈의 폴 매카트니Paul McCartney도 당당히 말했다.

"나는 버디 홀리Buddy Holly, 리틀 리차드Little Richard, 제리 리 루이

스Jerry Lee Lewis, 엘비스 프레슬리Elvis Presley 등을 모방했다."

작품 수가 5만여 점이나 되는 화가 피카소도 고백했다.

"내 작품은 기존의 것들 중에서 아무도 모르게 도둑처럼 훔쳐서

내 것처럼 만든 것이다."

애플은 제록스의 팔로알토 연구센터의 아이디어로

'매킨토시 컴퓨터'를 만들었고,

모방은 창의성이 아니다?

빌 게이츠Bill Gates는 매킨토시에서 아이디어를 빌려
'윈도즈'라는 운영체계를 만들었다.

세상을 바꾼 창조는
기존의 것을 훔치고,
모방하고, 베끼고,
빌리는 것에서 시작되었다.
그래서 "Nothing is original!"이란 말이 나온 것이 아닐까?

모든 창의적인 것들은
전에 있었던 것으로부터 만들어졌고
이 세상에 존재하는 모든 것들은
온전히 새로운 것은 없다.
"태양 아래 새로운 것이 아무것도 없나니."
라는 성경 말씀처럼.

라이트 형제의 동력 비행기는 사람이 하늘을 날 수 있는 최초의 기구였을까? 비행기의 발달사를 보면 라이트 형제의 비행기는 새의 비행과 글라이더를 바탕으로 제작되었다. 또한 글라이더 이전에는 비행선이, 그 이전에는 몽골피에Montgolfier 형제의 열기구가 존재하고 있었다.
이들 중에 어떤 것은 창의적이고 어떤 것은 창의적이 아니라고 말

할 수 있을까? 모두가 그 앞 단계의 것들을 모방하고, 베끼고 아이디어를 빌려서 만든 것들이다. 대부분의 사람들이 장거리 여행에서 타는 보잉 747도 라이트 형제의 비행기에서부터 수많은 단계를 거쳐 지금에 이르러 만들어진 비행기 모델인 것이다.

모방을 원하지 않는다면 아무것도 창의적인 산출물이 생산될 수 없다. 『바로잉Borrowing』의 저자 데이비드 코드 머레이David Kord Murray는 "어설픈 창조보다 완벽한 모방이 낫다!"라고 말하면서 "모방에 약간의 개선을 통해서 모방을 숨기고 창조력을 증폭시키라."고 조언했다. 로버트 아이스버그Robert Eisberg는 창의적 아이디어에는 항상 선례가 있다고 주장했다. 새로운 것이 갑자기 나온 것처럼 보이지만, 알고 보면 그 아이디어를 처음 제시한 이의 지식 기반을 모르기 때문이라고 했다.

남의 아이디어를 훔치고, 모방하고, 베끼고, 빌리는 것은 절도행위가 아니다. 창의적인 기법의 핵심으로 생각하고 이를 잘 활용하면 창의적인 결과를 불러온다. 따라서 영감을 떠오르게 하거나 상상력을 제공한다면 그 어디에서든지 아이디어를 훔쳐라. 우리 생활 속에서 접하는 모든 것들이 아이디어를 훔칠 대상이 된다. 영화, 책, 음악, 그림, 사진, 만나는 사람들의 행동, 대화내용, 건축물, 패션, 가게에 진열된 상품들, 숲 속 길, 바다, 저녁노을, 태풍 등등 모든 것을 어떻게 느끼고 받아들이느냐가 창의성의 차이를 만든다. 모방은 창의성의 반대가 아니라, 창의성을 위해 반드시 필요한 필요조건이다.

　　　　　　　　　모방은 창의성이 아니다?

자녀의 미술교육도 마찬가지다. 어느 순간 아이의 창의성이 발동하여 아주 대단한 창의적 미술품이 나오는 것이 아니다. 주변의 좋은 작품을 많이 관찰하고, 많이 그려 보고, 많이 만들어 보면서 훌륭한 작품에 필요한 기술을 학습하는 과정을 거쳐야만 작품에 대한 창의성이 솟아나기 시작하는 것이다. 화가들도 처음에 그림을 시작할 때는 유명한 작품을 그대로 베끼면서 그림의 스킬을 익히고, 나중에 자신만의 그림을 그릴 수 있는 길을 터득한다고 한다.

아이들에게도 처음부터 너무 어려운 것을 요구하지 말고 그들이 잘 할 수 있는, 즉 뭔가를 찾을 수 있는 기회를 주고, "너는 저 것보다 잘 해낼 수 있다."는 용기의 말로 힘을 실어주어라. 자신이 좋아하는 것을 찾아서 베끼고, 그렇게 베끼다보면 결국 마지막에는 아이들만의 것으로 새롭게 탄생할 것이다. "뛰어난 예술가는 모방하고, 위대한 예술가는 훔친다."라는 피카소의 유명한 말 한마디가 시작을 가볍게 해줄 것이다.

" 엄마, 똑같이 그려봐도 될까요? "

모방은 창의성이 아니다?

# 창의성은
# 훈련이 필요 없다?

"쉬는 건 무덤에 가서 얼마든지 할 수 있죠."

"연습을 뛰어넘는 재능은 없습니다."

독일 슈투트가르트 발레단의 수석 발레리나이면서, 현재 국립발레단 예술 감독으로 일하고 있는 강수진이 중·고등학생들을 대상으로 한 특강에서 했던 말이다. 그런 그녀에게 따라붙는 별명이 있었으니 바로 '지독한 연습 벌레'이다. 발레리나 강수진은 한때 하루에 19시간을 연습하기도 했다. 그러다 보니 어느 해는 한 시즌에만 그 발레단에서 가장 많은 150켤레의 슈즈를 사용하여 재정 담당으로부터 경고를 받았을 정도라고 한다.

인내 없는 무대 위에
황홀한 박수갈채 없고,
노력이라는 씨를 뿌리지 않고,
성공의 열매를 거둘 수 없다.

말도 배우기 전에 그림부터 배웠다고 하는
파블로 피카소,
그의 천부적인 재능은 화가인 그의 아버지를
항상 놀라게 했다.

그가 세상을 떠날 때까지 남긴 많은 작품들은
그만의 미술세계를 개척한 독창성에
세상 사람들 역시 놀랐다.

피카소의 1907년 작품 〈아비뇽의 처녀들〉은
사물의 외형적 모방을 하던 기존의 화법을 탈피하고,
사물을 기하학적 도형으로 해체하여 행태를 구분하지 못하게 하는
'큐비즘Cubism'을 발전시킨 작품이다.

그 그림으로 피카소는
입체주의자들에게 널리 알려지기 시작했고
많은 사람들에게 인정받았다.

창의성은 훈련이 필요 없다?

그런데 그의 놀라운 작품들이
단순히 그의 천재성에서 탄생했을까?

피카소가 열다섯 살 때 그린 그림 〈첫 성찬〉을 처음 봤을 때
'이 그림이 정말 피카소가 그린 것이라고?'
믿기지 않을 정도로 생소했다.
'피카소도 이런 그림을 그리던 시절이 있었구나!' 라고
깨닫게 해준 작품이다.

그가 화가로 활동하기 시작했던 초기 시절 작품들은
열심히 그린 흔적이 보였고
다분히 사실적 묘사라 감상하기도 쉽다.

20세기 최고의 미술가로 알려진 천재 화가 피카소,
그의 그림은 그가 지닌 괴짜 기질만큼이나 독특하여
웬만한 사람이라면 그의 그림을 쉽게 알아차린다.

하지만 피카소도 자기만의 새롭고
독특한 세계의 그림을 구사하기까지는
5만 점 이상의 많은 작품을 만들어내며
젊은 날부터 부단한 노력과 훈련에 시간을 투자했다.

창의적 성취는 어느 순간 갑자기 찾아오는 행운이 아니며,

많은 훈련 없이는 결코 태어날 수 없다.
창의적 성취는 타고난 소질이나 재주 위에
노력이라는 땀방울이 더해져야만 나올 수 있다.


발레리나 강수진이나, 피카소 같은 이들의 노력은 단지 무용이나 미술 같은 예술 영역에서만 필요한 것은 아니다. 발명가 에디슨 Thomas Edison이 '천재란 1%가 재능이고 99%가 노력'이라고 말했듯이 어떤 영역에서든지 탁월한 성취를 이룬 사람들은 예외 없이 엄청난 양의 시간을 연구, 훈련, 연습에 투자한다. 심리학자 로버트 스턴버그Robert Sternberg와 토드 루바트Todd Lubart는 창의력의 조건에 재능보다는 긍정적인 자세로 열심히 노력하는 모습을 들었다. 에디슨은 전구를 발명하기까지 1,800여 번의 실패를 거쳤으며, 배터리 발견에 이르기까지는 무려 6만 개의 물질을 테스트했다고 한다.

"誠者物之終始 不誠無物성자물지종시 불성무물, 성실은 만물의 시작과 끝이다. 성실하지 않으면 존재하지 않은 것이다." 이 말은 『중용中庸』의 한 구절이다. 노력의 다른 이름은 성실이므로, 노력하지 않는 자는 그 존재 자체가 없다는 것이다. 그러나 노력하는 자는 존재하므로, 무한한 가능성을 가지고 다양하게 존재할 수 있다. 노력은 창의성의 시발점이다.

심리학의 아버지라 불리는 정신분석학자 지그문트 프로이트 Sigmund Freud의 경우도 유대인이라는 이유로 대접받지 못하는 어려움과 33번의 턱암 수술을 받아가면서도 끊임없이 연구에 몰두했다. 결국 그는 심리학과 정신의학에서뿐만 아니라 사회학, 사회심리학, 문화인류학, 교육학, 범죄학 그리고 문예비평에도 큰 영향을 끼쳤다. 이렇듯 프로이트는 어마어마한 노력과 끈기를 가지고 성실하게 임했기에 존재할 수 있었고, 그로 인해 20세기의 세계관을 바꾸는 기수가 될 수 있었다.

창의성은 훈련이 필요 없다?

# 확산적 사고만이
# 창의성이다?

프린스턴 대학교의 심리학 교수인 샘 글룩스버그$^{Sam\ Glucksberg}$는 다음과 같은 문제를 고안하였다.

양초 하나와 성냥 그리고 압정이 담긴 상자를 제공하고, 촛농이 땅이나 책상에 흘러내리지 않도록 하면서 양초를 벽에 고정하는 방법을 찾아내는 문제였다. 정답은 압정이 담긴 상자를 비운 뒤 그 상자를 압정을 이용해 벽에 고정하고, 그 위에 양초를 놓는 것이다.

이 문제는 압정 상자를 압정을 담아두는 용도로만 생각하지 않고 양초 받침대로 사용하는 발상의 전환이 필요한 문제였다.

이러한 문제의 답을 찾기 위해서는

먼저 여러 가지 아이디어를 내고,

그 아이디어마다 문제의 정답이 될 수 있는지

분석하고 판단하는

두 다리를 건너야 한다.


기존의 아이디어로 해결이 되지 않을 때

다른 각도에서 발상의 전환으로 새로운 아이디어를 내고

그리고 다시 그 아이디어를 평가해서

해결책을 찾아가는 여행을 시작해야 한다.


우리들 앞에 부딪치는 수많은 문제를

창의적으로 해결하기 위한 여행에서는

확산적 사고와 수렴적 사고가

서로 다정한 친구로 지내야한다.


확산적 사고의 목표는

가능한 많은 아이디어와 가능성을 찾아내는 것이고,

수렴적 사고의 목표는

가장 훌륭하고 유용한 아이디어를 선택하는 것이다.


확산적 사고는 다양한 각도에서 새로운 아이디어를

많이 생성해 내는 데 필요하고,

확산적 사고만이 창의성이다?

수렴적 사고는 생성된 아이디어들을 비교·분석·선택해서
문제에 대한 옳은 해결책에 도달하도록 하는 데 필요하다.

확산적 사고는 산출물의 독창성에 연관이 있고
수렴적 사고는 산출물의 유용성에 기여하기에
새로운 문제에 부딪혔을 때
먼저 확산적 사고로 기발한 해결책을 많이 생성하고
그 기발한 해결책 중에서 수렴적 사고로 비교·분석하면서,
유용하고 적합한 아이디어를 선택하는 것이
바로 창의적 문제 해결 과정이다.

혼자 떠나는 확산적 사고의 여행은
늘 번잡하고 혼잡스럽지만
정리하며 결단 내려주는 수렴적 사고가 동반자가 되어줄 때
창의적 문제 해결이라는 종착역에 무사히 도착하게 된다.


확산적 사고는 인지 또는 기억된 정보로부터 새롭고, 신기하고,
다양한 비습관적인 답과 해결책을 창출해 내는 생산적 사고로서,
문제해결의 다양성을 강조한다. 수렴적 사고는 인지 또는 기억된
정보로부터 옳고, 가장 좋고, 습관적인 답과 해결책을 결정하는
능력, 즉 하나의 정답을 찾아내는 능력이다.
『논어』에 "人能弘道 非道弘人인능홍도 비도홍인.", "사람이 도를 넓히

고 실천하지, 도가 사람을 넓히고 간섭해서는 안 된다."라는 말이 있다. 인간의 사고는 유연해서 기존의 체계를 뚫고 새롭게 조합할 수 있다. 그럴 때 인류 문명은 발달한다. 하지만 기존의 세계관에 사고가 묶여버리면 문명은 인간에게 족쇄가 되어 퇴보할 것이다.

인간은 확산적 사고를 할 때 희망을 꿈꾸고 앞으로 나아갈 수 있다. 아이의 사고에 열린 길을 만들어주려면 그 섬세한 아이의 사고의 회로가 잘 형성될 수 있도록 격려를 아끼지 않아야 한다. 때로는 황당하고 비현실적일지라도 아이를 믿고 그 사고를 끝까지 믿어주자. 그러면 아이의 사고는 어느새 변곡점을 지나 수렴적 사고로 전환되어 기존의 방식을 뛰어넘는 새로운 사고를 창조적으로 구현해 낸다.

확산적 사고가 새로운 아이디어의 생성을 위해 필요하다면, 수렴적 사고는 독특함과 유용성을 판단하거나 평가하여 더 적절한 아이디어를 생성하는 데 필요하므로 그 둘은 창의적 문제의 해결과정에서 모두 필요하다. 실제로 확산적 사고와 수렴적 사고는 동전의 양면과 같아서 문제 해결에서 두 종류의 사고가 함께 작용한다고 볼 수 있다.

결국 성공적인 해결사는 확산적 사고 능력과 수렴적 사고 능력을 조화롭게 활용할 줄 아는 사람이다. 바로 사고의 균형이 필요한 것이다.

확산적 사고와 수렴적 사고의 관계를 '아이디어의 산'이라는 개념으로 생각해 볼 수 있다. 다음 그림에서 보는 것처럼 산의 기슭에

확산적 사고만이 창의성이다?

해당하는 왼쪽 끝부분 즉 처음에는 아이디어가 별로 없다. 산을 점점 오르면서, 즉 확산적인 사고가 진행되면서 많은 아이디어를 얻는다. 산의 정상에 올랐을 때 가장 많은 아이디어가 축적된다. 이 시점부터는 산을 내려오듯이, 수렴적인 사고로 그 많은 아이디어를 계속 비교·판단하면서 수를 줄여 오다가 가장 좋은 아이디어만 남게 되는 것이다.

즉, 위와 같은 과정에서 확산적 사고는 창의적 사고로 많은 아이디어를 요구하고, 수렴적 사고는 비판적 사고로 아이디어를 논리적으로 평가하면서 가장 좋은 아이디어를 결정하는 것이다. 따라서 창의적 문제해결에서는 두 가지 사고가 모두 필요하다. 아무리 좋은 아이디어가 많더라도 실현가능하고 유용한 것을 선택하는 논리력과 비판력도 같이 길러주어야 한다는 얘기다.

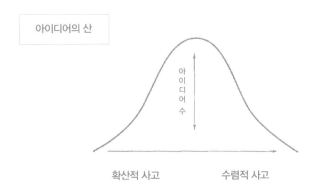

"확산하고"

"수렴하고"

새로운 것은 모두 창의성이다?

# 지능이 높으면
# 창의성도 높다?

상대성 이론으로 세상을 놀라게 한 천재과학자, 아인슈타인[Albert Einstein]은 어릴 적 호기심이 많은 아이였다. '전기는 왜 생기는지', '나침반은 왜 한쪽을 가리키는지' 등 주변에서 흔히 볼 수 있는 현상에 궁금증이 많았다. 그의 삼촌이 아인슈타인의 많은 호기심을 채워주기는 했지만 모든 답을 줄 수는 없었다. 학교에서조차 호기심이 채워지기는커녕 학교 수업에 방해꾼 취급을 받았다.

창의성을 길러주는 교육이 아닌 주입식 교육에 아인슈타인은 따분한 학교생활을 할 수밖에 없었다. 결국 그는 학교를 싫어했고, 학교에서도 그를 전혀 우수한 학생이라고 생각하지 않았다. 실제로 그는 퇴학을 권고받기도 했다.

## 지능이 높다는 것은

많은 것들에 대해 많이 알 수 있는 능력이 있다는 것.

효율적으로 대화할 수 있는 능력이 있다는 것.

똑똑하다는 말을 들을 수 있다는 것.

기억력이 높다는 것.

논리적인 사고를 할 수 있다는 것.

새로운 지식을 쉽게 배운다는 것.

매우 생산적이고 편리하게 된다는 것.

어휘력이 풍부하다는 것.

수리력·공간 지각력이 높다는 것.

탁월한 성취의 필요조건을 갖추었다는 것.


## 창의성이 높다는 것은

확산적 사고를 잘한다는 것.

다양한 아이디어를 많이 만들어 낼 수 있다는 것.

유연한 사고를 잘할 수 있다는 것.

남들과 다른 독특한 방법으로 문제를 해결할 수 있다는 것.

모방을 통해서라도 새로운 것을 잘 만들 수 있다는 것.

상상력이 풍부하다는 것.

열린 생각을 할 수 있다는 것.

새로운 문제를 창의적인 방법으로 해결할 수 있다는 것.

관련이 없는 것도 잘 결합하여 새로운 것을 만들 수 있다는 것.

영재성 발휘에 필요조건을 갖추었다는 것.

지능이 높으면 창의성도 높다?

알려졌듯이 아인슈타인은 신체적 발육도 늦었고 세 살까지는 말도 잘하지 못해서 저능아가 아닌가 걱정할 정도였다. 그의 초등학교 시절은 동작이 굼뜨고 학습의욕이 없었으며 성적도 부진했고 IQ도 매우 낮았다고 한다. 하지만 아인슈타인이 탁월한 창의성을 가진 과학자라는 것을 그 누구도 부정할 수 없을 것이다. 다시 말해서, 지능지수는 낮아도 창의성은 높을 수 있다는 얘기다.

지능과 창의성과의 상관 관계를 연구한 많은 논문들은 그 둘 간의 상관 관계는 매우 낮은 것으로 보고하고 있다. 다만, 교육심리학자 길포드J. P. Guilford의 가설적인 연구에 따르면 아래 그래프와 같이 지능이 높은 집단일수록 창의력의 폭이 지능이 낮은 집단에 비해 넓다고 보고 있다. 이는 지능과 창의성 상관 관계의 범위에 관한 문제일 뿐이다. 따라서 지능이 높다고 해서 반드시 창의성이 당연히 높을 것으로 여기거나 지능이 낮다고 창의성이 낮을 것으로 당연시하는 것은 설득력이 없다.

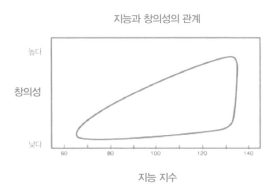

지능과 창의성의 관계

사실 학교 공부는 지능과 상관 관계가 깊다. 지능이 높으면 아무래도 학교에서 쉽게 배울 수 있고, 지능이 낮은 경우는 그만큼 학업에 어려움을 겪는다. 하지만 학교 공부가 조금 뒤처진 아이들 중에도 기발하고 독특한 생각을 잘해내는 아이들이 많이 있다. 이런 이유는 지능이 조금 낮더라도 창의성이 높을 수 있기 때문이다. 반면에 지능이 높아도 고정관념에 사로잡혀 있거나, 융통성이나, 모험심 등의 부족으로 창의적 사고나 창의적 행동을 잘하지 못하는, 창의성이 낮은 경우도 많다. 창의성을 지능의 프레임으로만 맞추려고 하면 아인슈타인도 평범한 인생을 살 수밖에 없었을 것이다.

우리나라 아이들은 학년이 올라갈수록 호기심, 상상력, 창의력이 떨어진다. 이는 학교 교육이 지능 위주의 교육을 하고 있기 때문이다. 앞으로는 창의 인재가 세계를 주도하는 시대가 될 것이다. 계속해서 지능 위주의 교육을 고수한다면 우리 아이들은 주인공이 아닌 보조 역할로 전락할지도 모른다.

# 크리에이티브 업그레이드
# Ver.2

## 마음의 넓이 테스트

이 테스트는 현재 얼마나 창의적으로 생각하는 가와 새로운 일과
새로운 사고에 대한 태도를 알아보는 것이다. 전혀 복잡한 문제가
아니다. 단순히 '예' 또는 '아니오'로 답해 보라.

|  |  | 예 | 아니오 |
|---|---|---|---|
| 1 | 어떤 일을 다른 방법으로 시도하는데 적극적인가? | ☐ | ☐ |
| 2 | 세상을 다르게 변화시키고, 개선하는 일에 열중하는가? | ☐ | ☐ |
| 3 | 새로운 제안에 개방적인가? | ☐ | ☐ |
| 4 | 모험을 좋아하는가? | ☐ | ☐ |
| 5 | 항상 호기심을 갖고 좀 더 알고 싶어 하는가? | ☐ | ☐ |
| 6 | 다른 사람과 새로운 아이디어를 공유하는가? | ☐ | ☐ |
| 7 | 문제에 직면할 때 끊임없이 해결책을 찾으려 하는가? | ☐ | ☐ |
| 8 | 모호함을 잘 참는가? | ☐ | ☐ |
| 9 | 공상에 빠지거나 상상력이 풍부한가? | ☐ | ☐ |
| 10 | 자신의 신념에 요지부동하지 않고 다른 견해를 고려하는가? | ☐ | ☐ |
| 11 | 유머 감각이 있는가? | ☐ | ☐ |

| | | | |
|---|---|---|---|
| 12 | 자신을 더 잘 이해하기 위해 끊임없이 추구하고 있는가? | ☐ | ☐ |
| 13 | 지시에 따르는 것보다 자신이 생각하는 일 하기를 더 좋아하는가? | ☐ | ☐ |
| 14 | 모든 가능성이 고려될 때까지 다른 사람의 아이디어에 대해 비판을 자제하는가? | ☐ | ☐ |
| 15 | 엉뚱하고, 괴상하고, 별난 아이디어를 아무런 반감 없이 받아들일 수 있는가? | ☐ | ☐ |

- '예'라고 답한 것을 세어 보라.
- '예'라고 답한 문항이 **12개 이상**이면 당신은 창의적인 사람일 가능성이 높다.
- '예'라고 답한 문항이 **9개 이하**이면 창의성 발달을 위해 태도를 바꿀 필요가 있다.

# Part. 3

# 창의적 사고:
# 창의성에도
# Know-how가 있다

흔히 "나는 창의적이지 못해."라고 말한다.
이 말처럼 우리의 창의성을 방해하는 것도 없다.
사실상 어떤 영역에서 뛰어난 재주가 있고,
그 일을 이루고 싶은 욕망과 동기가 충분하다 하더라도
기발한 아이디어를 내는 창의적 사고력이 부족하다면
창의적인 산출물이라는 결실을 맺을 수 없다.
'토렌스 창의성 검사TTCT'를 고안한 토렌스E.P.Torrance 같은
창의성 연구의 대표적 학자는 창의적 사고의 구성요소를
다음과 같이 네 가지로 분류한다.
많은 양의 아이디어를 낼 수 있는 '유창성',
다양한 관점에서 아이디어를 생각할 수 있는 '융통성',
다른 사람들이 생각하지 못하는 아이디어를 내는 '독창성',
그리고 구체적이면서 세련된 아이디어를 내는 '정교성'으로
구성된다고 설명하고 있다.
이러한 창의적 사고 능력은 다른 사고 양식 형성
이후에 결정되는 것이 아니라, 자녀의 양육환경에 의해
개발될 수 있다.

# 유창성,
# 좋은 사과를 원한다면
# 많은 사과 중에서 고르라

이천의 도예촌에서 '도공이야기'를 운영하는 손호규 도예가로부터 직접 들은 얘기다.

좋은 작품이 탄생하기 위해서는, 젖은 흙으로 작품의 형태를 만들 때부터 가마에 불 때는 시간이 끝날 때까지 매 과정마다 온 정성을 다해야 한다. 그러나 10개의 작품 중 판매 가능할 수 있을 정도의 좋은 것은 잘해야 절반도 채 되지 않는다. 흙을 도자기의 형태로 만드는 과정에서 잘못될 수도 있고, 건조과정에서 물기가 빠지면서 금이 갈 수도 있고, 가마에 넣고 불을 때면서 높은 온도에서 흙이 돌처럼 단단하게 되는 과정에서 깨질 수도 있다. 흙속에 모래나 이물질이 들어가면 불에 녹으면서 도자기 표면에 검은 반점이 생기거나, 거칠어지기도 하고, 구멍이 생기기도 한다. 특히 마지막 끝날 때쯤의 불의 온도도 매우 중요하다고 한다. 불을 때는 과정에서 유약이 적당히 녹아야 아름다운 색이 나오기 때문이다.

이렇듯 여러 과정에서 주의와 정성을 요구하는 도자기의 좋은 작품을 위해서는 늘 고객들의 주문보다 많은 양의 작품을 가마에 넣어야 한다.

에디슨은 전깃불을 발명하기 위해
비슷한 아이디어를 3,000개씩이나 설정했으며,
반 고흐<sup>Vincent van Gogh</sup>는 자신의 것과 다른 새로운 그림 하나가
나올 때까지 죽기 살기로 반복해서 그렸다.

사과를 고를 때에도
수많은 사과 중에서 좋은 사과를 하나 고르듯이,
도예가는 최고의 걸작을 건지기 위해
가능한 한 많은 도자기를 가마에 넣고
원하는 것이 나올 때까지 실패한 도자기를 깨뜨린다.

많은 양의 아이디어를 내다보면
비록 그 속에 엉터리 같은 생각이 존재할지라도
숨은 독창성을 찾을 기회를 높여준다.

유창성은
많은 아이디어를 내는 능력이며,
창의적 사고의 기초이고,
최선의 아이디어를 내는 지름길이다.

유창성은
한 가지 정답만 존재한다는 생각을 버리고,
가능성 있는 모든 답을 받아들이는,

열린 마음에서 싹이 튼다.


"나는 창의적이다."라고 외치고,
아이디어를 친구로 삼고,
창의성과 즐길 준비를 하면,
숨어 있는 창의적 광맥을 찾게 된다.



대부분의 사람들이 신선하고 놀라운 아이디어를 찾지 못하는 것은 우선 아이디어의 양이 적기 때문이다. 아이디어의 양이 적은 가운데서는 결코 만족할 만한 아이디어가 나오기 어렵다. 만약 창의적이기를 원한다면 먼저 '한 가지 정답'으로부터 탈출해야 한다. 보통 어떤 문제에 부딪혔을 때, 일반적으로 하는 일은 무엇인가? 어떻게 해서라도 가능한 한 빨리 그 상황에서 벗어나려 한다. 그러다 보니 가장 먼저 떠오른 아이디어를 실행하기 마련이다. 그런데 그것이 결국 낭패를 부르거나 최소한의 만족조차 달성하지 못할 때가 많다. 그러므로 창의성을 개발하기 위해서는 첫 번째로 떠오르는 아이디어에 그치지 말고 더 많은 아이디어를 찾아내야 한다. 오직 한 가지 아이디어밖에 없다는 것만큼 위험한 것도 없다.

유창성은 주어진 문제에 대하여 많은 양의 해결안을 산출해 내는 능력이다. "그건 말도 안 돼."라는 말로 생각을 단절시키지 말자. 어떤 생각도 겁내지 않고 말할 수 있는 자유로운 분위기 속에서 유창성이 길러진다. 유창성을 기르기 위해, '또 다른 방법이 없을까?', '이럴 때 다른 사람들은 어떻게 생각할까?', '이것만이 유일한 해결책일까?', '그 방법은 왜 안 될까?' 등의 다양한 질문을 하면서 여러 가지 대안을 생각하는 습관을 길러보자.

" 역시, 사과가 많으니
좀 쓸 만한 게 있네! "

유창성, 좋은 사과를 원한다면 많은 사과 중에서 고르라

# 융통성,
# 갇힌 생각의 틀에서
# 벗어나라

마크 트웨인[Mark Twain]의 소설 『톰 소여의 모험』에서 악동이자 사고뭉치인 주인공 톰 소여는 학교에 가지 않고 강가에 놀러 갔다는 이유로 넓은 담장을 혼자 페인트칠해야 하는 벌을 받는다. 하지만 톰은 절망의 순간, 악동다운 기막힌 꾀를 부린다.

그는 친구들 앞에서 페인트칠이 재미있어 어쩔 줄 모르겠다는 듯 행동한다. 그러자 놀랍게도 친구들은 톰에게 과자나 장난감을 뇌물로 주면서까지 서로 페인트칠을 하려고 한다. 그 덕에 그는 편안히 그늘에 앉아 친구들이 바친 과자를 먹으며 페인트칠할 순서를 정해준다. 톰은 일을 놀이로 전환하는 발상의 전환을 시도한 것이다.

톰 소여가 벌로 치러야 하는 페인트칠을 놀이로 바꾼 것은
발상의 전환,
바로 그의 융통성이 발휘된 것이다.

융통성은
다양한 각도에서
해결책을 생각할 수 있는 유연한 사고이며,
고정적인 사고의 틀을 벗어나
다른 관점에서 해석하여
새로운 아이디어를 찾아내는 능력이다.

융통성은
유창한 사고의 연장이며,
독창성으로 넘어가는 것을 도와준다.

유창성이
많은 아이디어를 얻는 능력으로서
아이디어의 수를 중요시 한다면,
융통성은
다양한 아이디어를 얻는 능력으로서
아이디어의 종류를 중요시 한다.

그래서 융통적인 사고는

다른 각도에서 문제를 살펴보고
새로운 범주의 아이디어를 찾으며,
문제에 대한 낡은 사고를 포기하고,
습관적으로 해 오던 생각에서 벗어날 때 가능하다.


하늘을 날던 비행기 조종사가 창밖으로 던져버린 콜라병이 아프
리카 원주민 마을에 떨어졌다. 마을 사람들은 그 콜라병의 용도를
몰라 고민한다. 그들은 궁리 끝에 자신들에게 유용한 다양한 방법
으로 그 콜라병을 활용한다. 어떤 이는 꼬여진 줄에 매달아 돌리
면서 꼬인 줄을 펴는 데 사용하고, 어떤 이는 약초를 찧는 절구로,
어떤 이는 피로로 뭉친 다리의 근육을 풀어주는 데 사용하고, 어
떤 이는 음식의 무늬를 만드는 데 활용한다. 영화 〈부시맨〉의 한
장면이다. 콜라병에 콜라만 담는 것이 아니라 이렇듯 다양하게 사
용할 수 있었던 것은 콜라병에 대한 용도의 고정관념이 없었기에
가능했다.

융통성을 키워주기 위해서 다음과 같은 질문을 해보자.
첫째, 대상에 대한 다양한 용도 찾기로 "빈 상자는 물건 담는 일
외에 어떤 일에 사용할 수 있을까?", "수건은 얼굴을 닦는 일 외에
무엇에 사용할 수 있을까?"
둘째, 상황이나 사물 대치하기로, "사무실의 넓이를 알아야 하는
데 자가 없다. 어떻게 길이를 잴 수 있을까?", "메모해야 하는 데

펜이 없다. 어떻게 해야 할까?"

셋째, 기존의 생각을 새로운 상황에 적용해보기 유형으로, "아이에게 '배려'의 의미를 알려주려면 어떻게 설명해야 할까?", "서양 사람들에게 한국인들의 '친구 간의 의리'에 대해 어떻게 설명해야 할까?"

넷째, 기존의 것을 다른 방법으로 표현하기 유형으로, "'당신을 사랑합니다'를 말로 표현하지 않고 다른 방법으로 한다면?", "그림을 물감과 붓 외에 어떤 것을 첨가하여 다른 방법으로 더 멋지게 표현할 수 있을까?"

이와 같은 훈련으로 발상의 전환을 할 때 융통성이 키워지며, 문제를 창의적으로 해결할 수 있다.

융통성, 갇힌 생각의 틀에서 벗어나라

# 독창성,
# 독특한 아이디어에
# 눈을 돌려라

앙드레 지드$^{André\ Gide}$는 20세기 초반, 프랑스 문단의 대표적인 작가로 1947년 노벨문학상을 받았다. 그의 대표작으로 잘 알려진 『좁은 문』을 발표한 후 많은 사람들로부터 팬레터를 받았는데 그중에는 "어떻게 하면 선생님처럼 훌륭한 작가가 될 수 있는지 알려주십시오."라는 편지도 있었다고 한다. 그때 지드는 다음과 같은 대답으로 많은 사람들에게 깊은 인상을 남겼다.

"다른 사람들도 당신만큼 할 수 있는 일이라면 하지 마라. 다른 사람들도 당신만큼 말할 수 있는 말이라면 말하지 마라. 글을 쓰는 것도 마찬가지다. 오직 당신 자신 속에 존재한 것에 충실함으로써 당신 자신을 없어서는 안 될 존재로 만들어라."

독창성이란
다른 사람이 가는 길을 따라가는 것이 아니라
자신만의 길을 걷는 것이며,
남들이 보지 못하고 놓친 것을
예리하게 발견할 수 있는 능력이다.

남들이 흔히 느끼는 감정이 아니라
자신만이 독특하게 느낄 수 있는 것이며,
단순히 "아이디어 괜찮은데?"가 아니라
"WOW!"하고 외칠 수 있는 것이며,
과거에 이미 존재한 것을 생각하는 것이 아니라
새롭고 유일한 것을 생각해 내는 능력이다.

세계에서 가장 짧은 시는 일본의 '하이쿠'라는데
마쓰오 바쇼松尾芭蕉의 유명한 하이쿠 한 수를 잠시 들여다보자.

해묵은 연못
개구리 뛰어드는
물소리

이 시에는 우주의 조화 원리가 들어 있으니
생물(개구리), 무생물(연못), 시간(해묵은), 공간(연못).
동작의 시간(뛰어드는)과 정지의 시간(연못)

독창성, 독특한 아이디어에 눈을 돌려라

침묵과 소리, 동작과 정지가 따로 존재하면서도
동시에 존재하고 있음을 볼 수 있다.

이렇듯 짧은 시에
우주의 진리를 담아낼 수 있는 능력,
바로 독창성의 힘이 아니겠는가.

그 어떤 것과 차별되면서
특별하고 유일한 아이디어가 생성되기 위해서는
'남과 다르게'를 습관화하고,
엉뚱하고 별난 생각도 너그럽게 받아들여야 한다.
그 엉뚱함 속에
독창성의 가능성이 자라고 있기 때문이다.

비록 많은 아이디어를 내고, 다양한 범주의 아이디어들이 있다 하
더라도 그중에 독창성이 엿보이는 것이 있다고 장담할 수 있을
까? 물론 많은 아이디어를 내는 유창성과 다양한 범주의 아이디
어를 요구하는 융통성은 독창성과 상관 관계가 상당히 높다. 그렇
지만 아이디어가 아무리 많아도 그것들이 다른 모든 사람들이 생
각할 수 있는 것들이라면 별 쓸모가 없을 것이다. 아이디어의 양
보다는 질적인 측면에서 중요성을 생각해 독창적인 사고를 할 수
있는 능력을 길러주어야 한다.

2008년 베스트셀러였던 『육일약국 갑시다』의 저자 김성오는 창원에서 무일푼으로 0.5평의 약국을 개업했다. 그러나 몇 년 후, 이 약국은 창원에서 가장 큰 약국이 되었고, 모르는 사람이 없게 되었다. 그 비결은 무엇인가? 저자는 택시를 타면 무조건 "육일약국 갑시다!"라고 했다. 택시 기사가 모르면 길을 설명해주었다. 그렇게 6개월간 했더니 택시기사들이 육일약국을 인지했다. 또한 택시기사들에게 드링크제나 잔돈을 거슬러주어 육일약국은 점점 택시기사들의 입소문을 탔고, 교통이 불편했던 그 동네에 사는 사람들도 택시를 탈 때 육일약국을 행선지로 이야기했다. 그리고 작은 약국을 크게 보이게 하려고 형광등을 수십 개 달아놓고, 인테리어는 사방을 유리로 만들어 놓아 더 크고 넓고 밝게 보이게 했다. 동네 사람들에게는 의료상담을 해주고, 자동문을 만들어서 많은 이들의 시선을 끄는데도 성공했다. 또한 아이들의 공부도 가르쳐주고 수입이 늘어나자 장학사업도 해서 단기간 내에 창원에서 가장 큰 약국으로 성장하게 된 것이다.

그렇다! 독창성은 남들이 생각하지 못한 아이디어를 낼 수 있는 능력으로서 바로 성공의 열쇠가 된다.

독창성, 독특한 아이디어에 눈을 돌려라

# 정교성,
# 더 세밀하게
# 더 세련되게

'애니악Electronic Numerical Integrator And Calculator'은 세계 최초의 전자식 컴퓨터로 인정받은 기계로서 1943~1946년에 미국 펜실베이니아대학교의 모클리Mauchly와 에커트Eckert가 만들었다. 18,000여 개의 진공관으로 이루어졌으며, 무게는 30t, 크기는 가로 9m, 세로 15m로 큰 방 하나에 가득 차는 것이었다. 또 현재와 같은 프로그램 기억식이 아니라, 배전반의 연결에 의해 계산을 수행했다. 1955년까지 사용되었으며, 당시에는 냉각기로 열을 식혀가며 사용해야만 했다. 현재는 워싱턴 스미소니언 박물관에 보존되어 있다. 오늘날 우리가 사용하고 있는 세련되고 편리한 컴퓨터가 되기까지 크기, 무게, 모양을 개선하고 새로운 기능을 더하는 등 여러 단계의 정교한 개선과정을 거쳤다.

정교성은
한 아이디어에 뭔가를 덧붙이고,
자세하게 공간을 메우고,
관련 있는 아이디어를 그룹화하고
확장해서 아이디어를 개선하는 능력이다.

정교성은
책상 위에 덩그러니 놓여 있는,
어설프지만 기발한 아이디어를
세상에 나올 수 있도록 개선해주는 능력이며,
기존의 아이디어를 더욱 세련되게 만들어
세상에 내놓는 힘이고,
좀 더 매력 있게 다듬어
세상에 쓸모 있는 아이디어가 되게 해주는 것이다.

정교성이 뛰어난 아이는
큰 동그라미 위에 작은 동그라미를 그려놓고
"눈사람, 다 그렸어요." 하지 않고
그 위에 눈, 코, 입, 팔은 물론이고
모자와 목도리에 안경까지 추가하여
좀 더 세밀하고, 재미있게 작품을 마무리한다.

정교성이 높은 사람은

단순히 아이디어만 있는 것이 아니라
실행할 수 있는 구체적인 계획이 있으며
기존의 것을 보다 세련되고 매력적으로 만들 수 있다.

독창성이 아이디어의 기저에 있는 영감이라면,
정교성은 아이디어를 개선하는 노력이며,
훌륭한 아이디어가 세상에 나오도록 하는 마무리 작업이다.

정교성이란 한 아이디어에 다른 아이디어를 더하여 질적으로 개선함을 의미한다. 정교성이 뛰어난 아이는 그림이나 글, 생각이나 이야기를 다양하게 추가해, 내용을 좀 더 완벽하게 만들려고 노력하고, 좀 더 재미있게 내용을 마무리한다. 따라서 정교성의 목적은 기존의 지식이나 원래의 생각에 뭔가를 추가하고 좀 더 확장시키는 것이다.

'개가 달려온다'라는 문장을 '무시무시하게 화가 난 얼룩무늬 개가 장난치고 있는 아이들을 향해서 쏜살같이 달려온다'처럼 단순한 문장에 수식어를 덧붙여 좀 더 상세한 문장으로 만들어 보게 한다든지, 단순한 그림에 여러 가지를 덧붙여 좀 더 정교하고 재미있게 만들도록 유도하는 것도 바로 정교성을 키우는 방법 중하나다.
사고의 정교성을 기르기 위해서 소크라테스의 산파술을 응용하

여 아이에게 질문함으로써 사물의 본질을 깨달을 수 있게 하는 것
도 효과적이다. 산파술의 예를 보자.

— 자네와 생각이 다른 친구들의 의견은 모두 틀렸다고 말했다
  지? 그런가?
— 예. 그렇게 말했습니다.
— 자네의 생각은 알겠네. 그런데 우리는 생각이 다르다는 것과
  틀리다는 것은 같은 말이 아니라고 서로 이야기했었지?
— 예.
— 그렇다면 친구의 생각이 나와 다르다고 해서 모두 틀렸다고는
  할 수 없지 않은가?
— 맞습니다.
— 그러면 아직도 자네의 생각이 옳다고 생각하나? 자네의 주장
  을 보여 줄 수 있겠나?
— 저는 제가 한 말에 대하여 스스로 모르고 있었던 것 같습니다.

데일 카네기, 공병호, 『대화를 잘하는 아이 & 대화를 못하는 아이』 중에서

스티브 잡스Steve Jobs는 "만일 소크라테스와 점심식사를 할 수 있다
면 우리 회사가 가진 모든 기술을 그 시간(점심식사)과 바꾸겠다."
라고 말했다. 애플의 성장 이면에는 사고의 정교성을 극대화했던
소크라테스의 철학적 배경이 있었음을 알아야 한다.

정교성, 더 세밀하게 더 세련되게

미래 사회는 사고의 폭이 큰 아이가 리더가 되는 사회이다. 사고의 범위를 넓혀서 학교에 가야 하는 본질, 공부의 본질, 나아가 인생의 본질을 생각해보도록 아이에게 질문을 던져주어야 한다. 처음에는 어설프게 답할지라도 지속해서 질문을 한다면, 그에 대한 생각의 프레임이 형성되어 세상 이면에 존재하는 삶의 원리를 볼 수 있다. 이러한 사람을 우리는 주관이 있는 사람이라고 한다. 이러한 사람은 남들이 만든 가치관에 함몰되는 것이 아니라, 자신의 세상을 정교하게 개척하여 의미 있고 개성 있는 삶을 살게 될 것이다.

"
더 세밀하게,
더 세련되게.
이보다 더 멋질 순 없다!
"

# 크리에이티브 업그레이드
## Ver.3

다음은 배런-웰시Barron Welsh의 그림 선호도 검사이다.
❶~❿까지 각각 A와 B 중에서 어떤 그림이 마음에 드는지
고민하지 말고 선택해 보라.

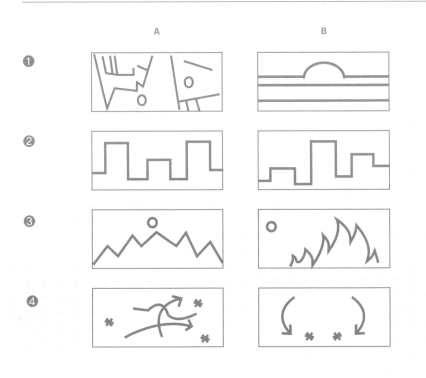

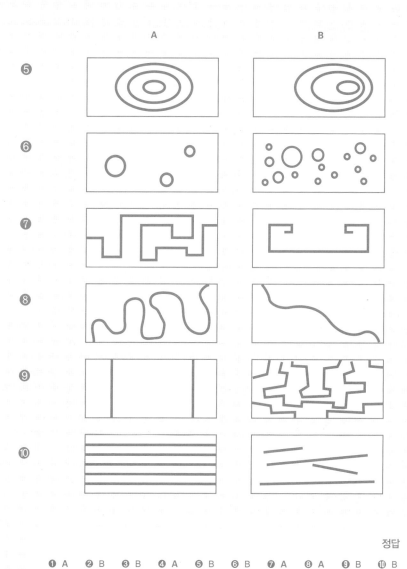

만약 둘 중에 위에 제시한 정답에 해당하는 것을 더 많이 골랐다면 당신은 더 창의적인 성향을 가진
사람이다. 창의적인 사람들은 여러 가지 특성 중 하나인 단순한 것보다는 복잡한 것을, 질서정연한
것보다는 무질서를 선호하는 경향이 있다.

**Part. 4**

# 상상력:
# 창의력의 주춧돌

인간에게 상상력이 없다면 세상은 어떻게 될까? 상상조차
할 수 없다. 아인슈타인은 상상력이 지식보다 중요하다고
했다. 상상력은 창의력이라는 샘에 물을 주는 엄청난
에너지이기 때문이다. 창의적인 사람들은 어떤 영역에서
남보다 특별한 흥미나 재주가 있다. 그리고 그 분야에서 어린
시절부터 강한 호기심과 높은 상상력을 보인다. 호기심이나
상상력이 때로는 말썽꾸러기처럼 보이기도 하고, 남들과 다른
생각과 행동으로 부모를 놀라게 하기도 한다. 이런 자질은
사실 대학입학시험에는 별 도움이 안 될지 모른다. 그래서
고등학생이 되면 풍부한 상상력이 고갈되는 것을 보게 된다.
고갈된 상상력은 인생을 고달프게 살아가게 하는 지름길이다.

# 강물 위에 새 을乙 : 상상력의 힘

시, 〈송인(送人: 님을 보내며)〉으로 유명한 고려시대 시인 정지상의 어린 시절 이야기다. 어느 날, 평양 대동강 기슭에 있는 부벽루에서 선비들의 시화자리를 구경하게 되었다. 자리를 뜰 생각을 하지 않는 그에게 여기는 어린아이가 낄 자리가 아니니 다른 곳으로 떠나라 하자, 그는 "만약, 제가 시 한 수를 짓는다면 이곳에 남아 있어도 되는지요?"라고 물었다. 어린 나이에 무슨 시를 짓겠냐며 무시하는 선비들 앞에서 일곱 살짜리 정지상은 마침 대동강 푸른 물결 위에 한가롭게 떠 있는 오리 떼들을 잠깐 바라보는 듯하더니 붓에 검은 먹물을 뭉떵 찍어 단숨에 다음과 같이 내려썼다.

"何人把神筆乙字寫江波하인파신필을자사강파."
누가 귀신같은 붓을 잡고 강물 위에 새 을乙 자를 그려놓았는가?

그때 부벽루의 대청에 가득 앉아 있던 선비들은 그의 천부적 재능에 모두 놀랄 수밖에 없었다.

대동강 푸른 물 위에 떠 있는 '오리'를 보고

새 을乙이라고 표현한 나이 어린 소년 정지상.

재치와 표현의 기발함은 물론,

사물을 보는 순간 시상이 떠오른 것은

그가 지닌 상상력의 힘이다.


정시상은 상상력을 바탕으로

아름답고 고상한 시어를 택하여

기발하게 표현하는 글 솜씨의 소유자다.

여기에 타고난 풍부한 감수성이 더해진

그의 시들은 몇 편 전해지지는 않지만

다른 사람 수백 편의 시를 감당할 만하다고 평가 받고 있으며,

고려시대 이후, 최고의 서정시인으로 손꼽는다.


상상력은 창의력의 근원이며,

상상력은 생각의 실타래를

자기가 원하는 대로 재조합하여 내는 능력이고,

어린아이일수록 상상력이 뛰어난 것은

기존의 사고에 얽매이지 않고 자유롭게

아이가 원하는 대로 생각을 조합할 수 있기 때문이다.


아이의 상상력을 그대로 보존할 수만 있다면,

그 아이가 성장하여 세상의 지식을 섭렵할 때,

상상력의 엔진이 가동하여

현실 세계에서 유용하게 사용할 수 있는

창의력의 산물을 내놓을 수 있을 것이다.


어린 정지상처럼 사물을 보고 떠오르는 상상력이 문학의 힘으로 이어진 것이라면, '하늘을 날 수 없을까?', '달나라에는 무엇이 있을까?'와 같은 엉뚱한 물음이 담긴 상상력은 비행기와 우주선을 발명하는 과학 발전의 에너지가 되었다. 그래서 노벨상을 받은 더들리 허슈바흐Dudley R. Herschbach는 "과학자는 상상의 정원을 가꾸는 정원사다."라고 한 것이다.

서울대학교의 절반 규모인 이스라엘의 히브리대학교에서 벌어들이는 연간 특허료는 1조 원에 달한다고 한다. 이러한 저력의 바탕에는 '후츠파Chutzpah' 정신이 있다. 후츠파란 뻔뻔함, 대담함, 저돌성을 의미하는 히브리어이다. 미래창조과학부의 차관을 역임한 윤종록 정보통신산업진흥원 원장은 후츠파의 밑바탕에는 상상과 혁신을 결합한 창조력이 내재되어 있다고 했다.

이스라엘은 이러한 후츠파 정신이 가정에서부터 회사 친목 모임에 이르기까지 사회 전반에 문화로 정착되어 있다고 한다. 그렇기에 이 조그만 나라가 중동의 맹주로 군림하며 전 세계의 여러 방면에서 영향력을 행사할 수 있는 것이다.

우리 아이에게도 후츠파 정신을 불어넣어 주어야 하지 않을까? 그 첫 번째 실천 방안으로 아이가 어떤 질문을 하든 받아주고, 말도 안 되는 시도를 해도 그 저돌성을 칭찬해주면 어떨까? 아이는 언제나 자신의 의사를 자유롭게 표현할 수 있다는 것을 배우게 되고, 이 경험이 곧 창의성의 씨앗이 될 것이다.

" 누가 귀신같은 붓을 잡고
강물 위에 새 을乙 자를 그려놓았는가? "

강물 위에 새 을乙: 상상력의 힘

# 경험이 상상력을,
# 상상력이 창의력을

"새로운 세상을 만드는 힘의 원천은 바로 상상력입니다.

가능한 한 여행을 많이 하고 세계 곳곳을 두루두루 다녀보십시오.

새로운 경험에 두려움을 갖지 말고,

알지 못했던 것을 알아내는 경험이 얼마나 행복한 것인지 알아야 합니다."

베르나르 베르베르<sup>Bernard Werber</sup>

『개미』라는 놀라운 과학 소설을 발표하자마자
일류 작가 대열에 올라
곧바로 '천재 작가'라는 평을 들은 베르나르 베르베르.

그는 글 쓰는 재주만으로
우연히 천재작가가 된 것이 아니라
끊임없는 탐구, 기발한 상상력
그리고 무수한 경험이 있었기에 가능할 수 있었다.

어린 시절 개미들의 일하는 모습과 조직생활에 매료되어
1,200마리의 개미를 집 안에 들여다 놓고 직접 관찰했으며
아프리카에서 '마냥 개미'에 대해 탐구하다가
개미떼의 공격으로 죽을 고비를 넘기기도 하고,
120번에 가까운 개작 과정을 거쳐
1991년에 세상에 나온 소설이 바로 『개미』이다.

전신마비인 주인공이
뇌의 힘으로 인터넷을 검색하는 소설 『뇌』.
그 책을 집필하기 위해서
베르베르는 게임문화에 푹 빠졌고
그의 소설 속 사건이 최근에 실제로 일어났으니
바로 뇌에 전극을 심어 전기 신호로
기계와 컴퓨터를 조작하는 일이 가능해진 것이다.

경험이 상상력을, 상상력이 창의력을

베르나르 베르베르는 어린 시절부터

만화 그리기에 재능을 보였고

고등학교 때 만화 신문 〈유포리Euphorie〉를 발행하였으며

올더스 헉슬리Aldous Huxley와

허버트 조지 웰스Herbert George Wells로부터 소설과 과학을 익혔고

대학에서는 법학과 저널리즘을 전공하였다.

졸업 후, 시사 주간지에서 과학부 기자로 활동하면서

의학과 과학에 관한 기사를 썼다.


그의 소설은 무한한 상상의 세계를 만들어

'독자들의 밤을 꼬박 새우게 만드는 마력을 지녔다'고

찬사를 받는데

이는 작가의 뛰어난 상상력 위에

엄청나게 다양한 경험의 힘이 합쳐졌기 때문이다.


창의적인 사람들은 그들의 관심과 호기심의 바탕이 된 그 무엇에 매혹되었고 그 관심이 평생 지속되면서 창의성의 열매를 맺는다. 베르나르 베르베르가 과학적 현실을 상상으로 연장하여 창의적인 작품을 만들어 낸 것은 그가 10년간 과학 기자로 일한 경험, 세상 모든 일에 대한 관심, 작품 주제와 관련된 사안들에 대한 깊은 관찰, 그리고 여행을 하면서 만나는 사람들로부터 얻게 되는 영감과 여행을 통한 새로운 세상에 대한 경험 등이 있었기 때문이었다.

좋은 아이디어나 창의성은 어느 날 갑자기 찾아오지 않는다. 어려서부터 관심과 호기심을 가질 수 있는 경험의 장을 만들어주어야 가능하다. 심리학자 스턴버그와 루바트는 호기심이 많은 아이는 어떤 새로운 일을 하다가 모르는 것이 있어도 당황하기보다는 그런 상황을 반기고, 더 나아가 신이 나서 적극적으로 그 일에 매달린다고 한다.

아이의 일상이 혹 '시지프스의 신화'와 같지 않은가 되돌아보자. 시지프스 산까지 바위를 밀고 올라가지만 정상에 서면 다시 바위가 밑으로 떨어져서 또 그 바위를 밀고 올라가야 하는 프로메테우스! 아이가 그런 삶을 산다면 인생이 얼마나 지루하겠는가? 학창시절 끝없는 시험, 대입시험, 취업시험, 승진시험 그렇게 끝나는 인생, 오늘날의 한국사회가 이 시지프스 신화의 저주에 빠져 있지는 않은지 돌아볼 일이다.

고故 정주영 회장은 매일 아침에 일어나는 것이 즐겁다고 했다. 오늘은 또 어떤 일이 벌어질지 기대로 충만했기 때문이다. 하루를 기대하며 사는 그에게 모든 것은 새롭게 다가왔고 상상력을 자극했다. 그래서 그는 추운 겨울에 유엔 묘지를 녹색으로 보이게 하라는 주문에 잔디 대신 보리를 심어 한층 더 푸르게 보이도록 했다.

만물을 새로운 것으로 만들어내는 능력, 상상력은 창의력을 끌어내는 원동력이다. 우리 아이에게 만물의 신선함을 선물해주고 그곳에서 마음껏 상상의 나래를 펴며 창조적인 삶을 살 수 있도록 도와주자.

경험이 상상력을, 상상력이 창의력을

# 엄마의 지혜가
# 아이의 상상력을 키운다

아이 — 엄마, 제가 그린 딸기 보실래요?(딸기를 무지개색으로 칠했다)

엄마 — 아니, 딸기가 빨간색이지 왜 무지개색이야?

아이 — 비가 올 때만 무지개색으로 변하는 무지개 딸기니까요.

엄마 — 그런 딸기가 세상에 어디 있니? 빨간색으로 다시 칠해!

무지개색 딸기!

이런 엉뚱한 생각을 엄마는 할 수 있을까?


만약 여러분의 자녀가 딸기를 무지개색으로 칠했다면,

위의 엄마처럼 상상력의 싹을 죽일 것인지,

아니면 아래의 엄마처럼 상상력에 불을 지펴줄 것인지,

그것은 당신의 몫.


아이 　— 엄마, 제가 그린 딸기 보실래요?

　　　　　　(딸기를 무지개색으로 칠했다)

엄마 　— 어머! 무슨 딸기가 이렇게 알록달록 예쁘게 생겼니?

아이 　— 비가 올 때만 무지개색으로 변하는 무지개 딸기예요.

엄마 　— 와우, 그런 멋진 생각을 하다니! 나중에 무지개 딸기

　　　　　　같은 특별한 딸기를 직접 만들어 보렴.


빨간색의 딸기만을 고집하지 말고,

잠시 자녀가 만들어 놓은 신비한 상상의 나라 속으로

함께 손잡고 들어가 보면

창의성의 바다에 자유롭게 빠져있는 자녀가 대견스러울 텐데.


아이 　— 엄마, 왜 파리는 매일 다리를 비벼대요?

엄마 　— 모르겠는데……?

아이 　— 저는 알아요.


　　　　　　　　　　　　엄마의 지혜가 아이의 상상력을 키운다

엄마 ― 뭔데?

아이 ― 그건요, 잘못했다고 비는 거예요.

엄마 ― 왜? 파리가 뭘 잘못했는데?

아이 ― 여기(집 안)에 들어와서 미안하다고요.


다음 날 또 파리가 날아다녔다. 그것을 보고

엄마 ― 현아야! 파리가 또 잘못했다고 하는가 봐.

아이 ― 아니에요.

엄마 ― 아니라니, 왜?

아이 ― 파리는 앉아 있을 때만 빌어요.

엄마 ― 그렇구나!


잠자리에 들기 전에 머리를 감으면서

아이 ― 엄마, 하수구가 (거품으로 가려져서) 안 보여요.

엄마 ― 그래, 거품 때문에 안 보이네.

아이 ― 어? 갑자기 해가 안 비치네. 구름이 가려서 없어졌어요.

엄마 ― 어??

아이 ― 하수구가 해님이고, 거품은 구름이에요.

엄마 ― 정말 그렇구나! 구름 때문에 해님이 보이지 않네.

아이 ― 우리, 구름을 치워버려요, 해님이 나오게.

엄마 ― 어떻게 해님이 나오게 하지?

아이 ― 구름을 하수구 속으로 들어가게 하면 되지요.

　　　그러면 해님이 나오잖아요.

이런 상상들,

부모들은 할 수 있을까?

상상의 나라에서는

어른보다도 더 어른인 아이들만이 가능하다.


상상 없이 창의성을 기대하지 말고

당장은 엉뚱하고 비현실적인 것처럼 보이지만,

아이들과 상상의 날개를 함께 펼치면

아이는 어느새 창의성의 나라에 가 있을 것이다.


"민들레 꽃 낙하산은 어디로 가는 거예요?", "벌레들의 침대는 나뭇잎인가요?", "번개치는 것은 사진 찍을 때 '반짝'하는 것처럼 하늘에서 선녀들이 사진 찍는 거지요?"

이런 질문을 끊임없이 하는 자녀를 가진 부모는 참으로 행복한 부모다. 자녀들의 상상력이 자라고 있다는 증거이기 때문이다.

아이들의 익숙하지 않은 말이나 행동이 상상의 세계에서 나올 때 부모들의 인내력은 더 견디지 못하고 이내 바닥을 들어내기 일쑤다. 논리적이거나 현실적인 표현에 익숙해진 어른들은 아이들의 엉뚱한 발상을 이해하지 못하고 자신들의 사고의 틀에 맞지 않는다는 이유로 상상의 세계를 차단한다. 하지만 한 걸음만 멈춰 서서 여유를 가지고 아이가 하는 것을 지켜보아라. 그리고 성급한 말 한마디로 아이들의 상상력과 창의력의 싹을 싹둑 잘라내는 우를 범하지 말자.

상상력은 물질세계의 갇힌 사고관을 뛰어넘는다. 유대인들 중에 인류를 이끌어가는 인재가 많이 나오는 것은 그들의 신앙관이 한 몫했기 때문이다. 유대인은 모든 것을 신이 창조했다고 믿는다. 즉, 세계는 하나의 신의 사고에 의해 창조된 것으로써 유기적으로 이어져 있다고 본다. 그러므로 얼핏 관계가 없는 것들도 무언가와 연결된 존재라고 생각한다. 예를 들어 아인슈타인이나, 페이스북 창업자 마크 저커버그[Mark Zuckerberg] 등은 각자의 분야에서 상상력을 발휘해 얼핏 관계없는 것처럼 보이는 것을 상상력으로 연결해내는 데 성공하여 세상을 바꾸었다. 아인슈타인의 상대성이론은 에너지와 질량을 동일한 것으로 보고, 저커버그는 지극히 개인적인 공간인 사이버 공간에서의 소외를 극복할 방법으로 SNS 개념을 적용해 사이버공동체를 만들어냈다.

따라서 아이들이 엉뚱한 질문을 하거나 전혀 관계없는 사항을 연결해서 말한다고 해서 쓸데없는 데 시간 낭비하지 말고 문제집이나 풀라고 강요한다면 자라나는 아이의 상상력의 뿌리는 곧 시들어 버리고 만다.

" 비가 올 때만 무지개색으로 변하는
무지개 딸기예요! "

엄마의 지혜가 아이의 상상력을 키운다

# 무엇이든 가능한
# 마법 나라 상상력

위 그림은 초등학교 1학년 희연이가 〈창의력 노트〉에 그린 것이다. 왼쪽 상단에 주어진 '잠자리'를 주제로 무엇이든지 상상하여 그림을 그리도록 했다. 잠시 고민하던 희연이는 '잠자리가 알을 낳고 있을 때 그 틈을 타 개구리가 잠자리 알을 먹으려는 장면'을 그렸다.

여기는 마법의 나라.

무엇이든지 상상만 하면 그대로 이루어지는 신기한 나라,

수학 공식처럼 어떤 원칙은 없지만

상상만 할 수 있으면 누구라도 주인이 되는 나라이다.


'만약 하늘에서 내가 원하는 것이 내린다면'이라고 상상했더니

〈만약 하늘에서 음식이 내린다면〉이라는 영화가 만들어졌고,

'만약 박물관의 물건들이 다시 살아난다면'이라고 상상했더니

〈박물관이 살아 있다〉라는 영화가 탄생하였다.

'만약 ~라면'에서

'~ '부분에 원하는 것을 마음껏 상상하여 채워보라.

어떤 내용이든 가능하다. 여기는 마법의 나라니까.


"만약 백설공주가 사과를 먹지 않았다면, 이야기는 ~되었을 텐데."

"만약 내가 신데렐라였다면, 나는 ~할 텐데."

명작동화 속에 들어가 동화 속 주인공이 되어보기도 하고

이야기를 거꾸로 가정해 보고

이야기 끝을 상상해 보라.

어떤 이야기든 가능하다. 여기는 마법의 나라니까.


명화 속에 있는 사람들의 표정을 살펴보면서

그들이 무슨 생각을 하고 있는지 상상해 보고

사진 속 풍경이나 사물들을 꼼꼼히 살펴본 뒤

　　　　　　　　　　　무엇이든 가능한 마법 나라 상상력

과연 어떤 일들이 벌어지고 있는 것인지 상상해 보라.
어떤 장면이든 가능하다. 여기는 마법의 나라니까.

구불구불한 선, 뾰족한 선, 기다란 선,
동그란 모양, 세모 모양, 네모 모양,
비뚤어진 모양, 날카로운 모양
이런 모양들을 보면서 떠오르는 것들을 상상해보라.
어떤 것이든 가능하다. 여기는 마법의 나라니까.

조용한 음악, 시끄러운 음악,
느린 음악, 빠른 음악, 동물 소리가 나는 음악을 들으면서
어떤 일들이 일어나고 있는지 상상해 보라.
어떤 일이라도 가능하다. 여기는 마법의 나라니까.


희연이는 평소에 그림 그리기를 좋아했다. 그리고 사물에 대한 관찰력과 호기심도 남달랐다. 그래서 질문이 많았으며, 때로는 엉뚱한 질문으로 부모를 귀찮게 했다. 앞에 나온 그림의 경우 대부분의 초등학교 1학년 아이들은 들판을 날아다니는 잠자리나 잠자리 잡는 아이들의 모습을 그린다. 하지만 희연이가 이와 같이 상상력이 풍부한 그림을 그릴 수 있었던 것은 어릴 때부터 동화책을 많이 읽어주고, 그 내용을 가지고 대화를 나누고, 상상할 기회를 주면서 창의력을 키워준 부모의 노력 때문이다.

부모에게는 어린이들의 어떠한 엉뚱한 상상도 다 받아들여 주는 열린 마음이 필요하다. 자녀가 지닌 무한한 상상력을 길러주는 다양한 방법 중에 '만약 ~ 라면'의 상상게임은 일상생활 속에서 쉽게 활용할 수 있는 것들이다. 언제, 어느 때든지 아이들과 '만약 ~ 라면'의 문장에 엉뚱하거나 새롭고 독특한 생각을 주고 받으며 상상력을 발휘해보라. 이는 아이의 상상력과 엄마의 상상력이 부딪히며 창의성이라는 불꽃을 만들어 내는 기초가 되어줄 것이다.

"나에게 날개가 있다면?"

# 크리에이티브 업그레이드
# Ver.4

아래와 같은 질문에 다양하게 답을 생각하다보면 상상력에 도움이 된다.

- 만약 돼지에게 날개가 생긴다면?
- 만약 매주 토요일에는 모든 사람들이 말을 해서는 안 되는 법이 생긴다면?
- 만약 1년에 한 번씩 남녀의 성이 바뀐다면?
- 만약 비행접시가 우리 집 앞마당에 떨어진다면?
- 만약 수도꼭지에서 여러 종류의 주스가 나온다면?
- 만약 세상 사람들이 모두 빨간색 옷을 입고 다닌다면?
- 만약 춤을 추어서는 절대로 안 된다는 법이 생긴다면?

아래 두 그림은 각각 무엇일까? 하나의 그림에서 두 가지 그림을 볼 수 있으니 상상력을 발휘해서 답해 보아라.

---

1

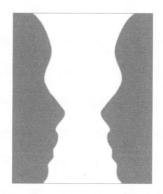

2

1  마주보는 사람 얼굴과 꽃병          2  젊은 여인과 노파

다른 각도에서 보면 다른 것이 보인다.

# Part. 5

# 동기:
# 창의력에 불을 붙여라

"만일 당신이 배를 만들고 싶다면 사람들을 불러 모아 목재를
가져오게 하고 일을 지시하고 일감을 나누어 주는 등의
일을 하지 마라. 대신 그들에게 저 넓고 끝없는 바다에 대한
동경심을 키워줘라."

『어린왕자』 중에서

# 내적 동기는
# 성공의 열쇠다

아주 오래전, 미국의 한 초등학교에서 학생들에게 독서를 권장하기 위해 다음과 같은 방법을 사용했다. 책을 읽을 때마다 학교에서 마련해준 종이에 읽은 책의 저자와 책의 제목을 기록하도록 한 것이다. 이때 물론 부모님이 확인했다는 사인이 필요하다. 이렇게 다섯 권의 책을 읽은 후에 그 용지를 담임 선생님에게 제출하면 선생님은 '피자헛' 쿠폰을 한 장 준다. 다섯 권의 책을 읽은 것에 대한 보상이다. 그 쿠폰은 언제든지 가까운 '피자헛'에 가서 피자를 공짜로 먹을 수 있는 쿠폰이다. 그런데 이 방법이 과연 성공했을까?

책을 읽는 이유가
피자헛 쿠폰을 얻기 위해서이거나,
공부하는 이유가
친구들과의 경쟁에 이기기 위해서라면
이는 외적 동기이며,

책을 읽는 이유가 재미있어서
공부하는 이유가 즐거움 때문이라면
이는 내적 동기이다.

외적 동기는 보상을 받거나,
벌을 피하기 위해서처럼
새로운 행동의 이유가 외부로부터 오고,

내적 동기는
호기심, 흥미, 만족감처럼
새로운 행동의 이유가 자신으로부터 우러나온다.

외적 동기로 어떤 일을 실행하다가는
지속성이 떨어지고 창의성이 훼손할 위험이 있는가하면
내적 동기는 창의적 산출물을 위한 원동력이 된다.

미국 웨스트포인트 육군사관학교에는

내적 동기는 성공의 열쇠다

매년 1,300명의 남녀 생도가 입교하여,
그중 약 1,000명만이 졸업장을 받는다.
과연 어떤 학생들의 졸업 가능성이 높았을까?

내적 동기 요인이 우세한 학생들의 졸업 가능성은
평균보다 20퍼센트나 높았다 한다.

미국 듀크대학의 댄 애리얼리<sup>Dan Ariely</sup> 교수팀은
인도 마두라에서 실험 참여자들에게
A그룹에는 하루 치 급여(4루피),
B그룹에는 2주 치 급여(40루피),
C그룹에는 5개월 치 급여(400루피)의 인센티브를 약속했다.
그룹의 성과는 어떠했을까?

결과는 가장 많은 인센티브를 약속했던
C그룹의 성과가 가장 낮았다 한다.

애리얼리 교수는
임금이 동기부여가 될 수는 있지만
창의적 성취를 위해서는 임금 외에
일의 의미, 창조, 도전, 주인의식, 정체성, 자부심과 같은
내적 동기가 병행되어야 함을 강조했다.

일본의 교세라 기업,
살아 있는 경영의 신으로 존경받는
이나모리 가즈오稲盛和夫 명예회장이 이끌고 있다.
이 기업에서는 목표를 달성했을 때 어떻게 했을까?

물질적 보상을 주는 대신
명예를 주는 정신적 보상을 했다.
내적인 동기에 더 큰 가치를 두고 있기 때문에.

창의적 성취를 위해서는
외적 동기보다 내적 동기가
더 큰 영향을 미치며,
더 중요한 핵심 요소이기에
아이에게 내적동기의 열쇠를 물려주는 부모가 되어야 한다.


사람들은 어떤 일 자체에 흥미가 있을 때, 즐거울 때, 도전하고 싶
을 때, 만족스러울 때, 그리고 외적인 압력이 없을 때 가장 창의적
이 된다. 따라서 내 아이의 창의적인 행동을 효과적으로 유도하기
위해서는 부모가 원하는 일을 무조건 하도록 강요해서는 안 된다.
아이가 스스로 원해서, 즐거운 마음으로 일을 실행할 때 창의적인
행동이 가능하다. 즉, 내적 동기를 유발할 수 있는 분위기를 조성
해주는 것이 창의적인 행동을 할 수 있도록 도와주는 지름길이다.

내적 동기는 성공의 열쇠다

그렇다면 어떻게 내적 동기를 유발할 수 있을까? 무엇보다도 먼저, 부모의 생각이 아니라 아이의 입장에서 아이가 무엇을 할 때 가장 좋고 재미있는지 알아야 한다. 외적인 보상 때문에 그림을 그릴 때보다 재미로 그림을 그릴 때 더 창의적인 작품이 나온다는 사실을 기억하자. 또한 뜻밖의 보상은 내적 동기를 떨어뜨리지 않는다. 예를 들어, 선녀와 나무꾼 이야기에서 정직을 대가로 받은 금도끼와 은도끼는 생각지 못한 보상으로 즐거움을 맛보며 다음에도 정직해야겠다는 내적 동기를 갖게 한다. 부모의 또 다른 역할은 아이의 수준에 적합한 도전 상황을 경험시켜주어 도전감과 결과에 따른 만족감을 느끼도록 해주는 것이다. 목표를 달성할 수 있다는 신념을 가지도록 해주자. 성취의 경험을 통해 만족감과 일에 관한 'Know-how'를 개발할 수 있다. 더불어, 가능한 아이가 스스로 결정하고 선택하는 즐거움을 맛보게 하자. 아이의 자율성을 억제하고 부모가 일을 강요하면 오히려 비효율적일 뿐만 아니라 일의 양적·질적 성과도 떨어진다.

창의력은 남이 가지 않은 길을 갈 때 길러진다. 하지만 부모와의 신뢰관계가 형성되지 않으면 아이는 겁이 나서, 또는 실패의 두려움 때문에 멀리 가지 않으려고 한다. 앞에서 말한 이와 같은 모든 내적 동기 유발을 위한 시도는 부모가 먼저 아이를 사랑으로 기르고, 절대 신뢰할 수 있는 안전한 항구가 되어주는 일이 선행되어야 한다. 그래야 아이는 가까운 바다에서 먼 바다로 나갈 수 있는 동기를 가지고 과감하게 자기의 길을 가게 되는 것이다.

"내적동기의 열쇠를 주세요.

공부가 재밌어요 "

# 창의적인 칭찬은
# 꿈을 만든다

초등학교 4학년 자연 시간이었다. 담임 선생님은 숙제로 제출한 관찰일기를 검토하던 중에 소개하고 싶은 작품을 발견했다고 말했다. 그 일기를 읽어준 후 "관찰일기의 특성을 잘 살렸으며, 관찰일기란 무엇인가를 보여준 글이다. 상사초에 대한 묘사가 너무 생생해서 금방이라도 그 꽃이 이 자리에 나올 것 같다."고 칭찬해주었다. 단순히 '관찰일기, 잘 썼네'가 아니라 구체적으로 칭찬을 해준 담임 선생님의 말씀 덕에 그 일기를 쓴 아이는 뿌듯한 마음과 더불어 한동안 관찰일기 쓰기에 재미를 붙였고, 그 칭찬의 힘은 새로운 일을 시작하는 도전에 자신감을 주게 되었다.

칭찬은 상대방 기분 좋으라고
마음에 없는 말을 내뱉는 것이 아니라
진심이 담겨야 하며,
칭찬은 인격을 평가하거나 성품을 판단하는 것이 아니라
아이가 이루어놓은 일,
그 일에 대한 느낌을
꾸밈없이 말하는 것이다.

'좋다', '훌륭하다', '우수하다' 등처럼
판단하는 상투적인 말보다,
아이를 인정하거나 고마움을 표하는
창의적인 칭찬일수록
동기유발이 강해진다.

창의적인 칭찬은
어른도, 아이도 행복하게 만들고
자신감을 키워주며,
때로는 일생의 꿈을 키울 수 있는
씨앗 같은 존재가 된다.

회사 블로그에 훌륭한 글을 쓴 직원에게
사장님이 이렇게 말했다.
"어른 곰(아이디)처럼 유명한 직원한테는

창의적인 칭찬은 꿈을 만든다

내가 사인 한 장 받아둬야 할 거 같아요."

그 직원은 성취감과 더불어 인정받았다는 느낌에 행복했고,

더 열심히 활동하겠다고 결심했다.


학교 오케스트라를 지휘한 학생에게 음악 교사는

"정열적으로 지휘를 잘 한 네가 언젠가 카네기홀에서

지휘하는 모습을 보기를 희망한다."고 말했다.

이 학생은 그 말 한마디에 지휘자가 되고 싶다는 꿈과 함께

카네기 홀에서 지휘할 수 있도록 더욱 노력하겠다고 결심했다.


창의적인 칭찬은

창의성을 지탱해주는 에너지의 원천이며,

창의적 성취를 불러일으키는 나팔 소리라는 것을

다시 한 번 되새겨 보자.



진심이 담긴 칭찬을 듣고 기분 나빠할 사람은 없다. 교육적 효과
를 높이는 데 필요한 요소로 칭찬은 큰 비중을 차지한다.

칭찬의 긍정적인 효과는 자신감을 배가시킨다는 것이다. 자신의
능력을 의심하거나, 자신의 소질이 무엇인지 깨닫지 못하던 아이
도 부모나 교사로부터 칭찬을 들은 후 인정받았다는 느낌과 더불
어 자신감이 생겨 잠재능력까지 표출하게 된다. 자신의 능력이 다
른 사람에게 명료하게 알려지는 일은 자존감을 높이고 동기 유발

에 큰 영향을 준다.

『칭찬은 고래도 춤추게 한다』라는 책 제목에 다시 한 번 찬사를 보 낸다. 그렇다. 칭찬, 진심이 담긴 창의적인 칭찬은 뭐든지 춤추게 한다. 칭찬은 돈 한 푼 들이지 않고 할 수 있는, 가장 따뜻하면서도 타인의 아이디어를 강화하는 힘이 있다. 칭찬받아 마땅한 아이에 게 주저하지 말고 아낌없이 칭찬하자. 창의적으로 행동할 수 있는 출발점이 될 것이다.

" 창의적 칭찬은
자신감의 계단을 올라 꿈을 이루게 해주지! "

창의적인 칭찬은 꿈을 만든다

# 자극으로
# 도전을 유혹하라

초등학교 5학년 때의 일이다. 그 당시 졸업식에는 5학년 대표가 학교를 떠나는 6학년 선배들에게 졸업 축하 메시지인 송사를 낭독하는 시간이 있었다. 어쩌다 송사를 맡게 되어 졸업식 전날, 예행연습을 하고 있었다. 내 순서가 되어 송사를 읽고 있을 때 교장 선생님의 한마디가 뒤에서 들렸다.

"내가 조금 전, 중학교 졸업식에 다녀왔는데, 아, 거기 그 학생이 송사를 기가 막히게 잘하던데……." 이 말이 마치 내 귓가에는 '넌 왜 그리 시원찮은 것이냐?'로 들렸고, 그날 밤, 나는 아주 많이 연습했다. 교장 선생님이 놀랄 만큼 더 잘 해보겠다는 도전의식이 생겼기 때문이다.

개인적인 도전을 불러일으키기 위해서는
쉽게 풀 수 있는 문제라고 이야기하지 말고
어려운 과제이기 때문에 하기 힘들 것이라고 말해보라.

"이 문제, 영재들이라면 다 풀 수 있는 문제야." 라고
말하는 대신에
"이 문제는 어려워서 아무나 풀 수 없어.
그런데 네가 할 수 있을까?"라며
살짝 자존심을 자극해 보면 어떨까?

아무나 풀 수 없다는 정보가
호기심을 불러일으키고,
문제에 도전해보고 싶다는 욕구를 불러일으킨다.
단, 아이 수준에 맞게
적당히 어려운 문제라야 도전도 가능하다.

봉사 동아리에 관심 없는 학생에게
"봉사 동아리에 가입한 아이들은 반장이거나
각 반에서 특별히 뽑힌 아이들이야."라고
살짝 지나가는 말처럼 자극을 준다면,
특별한 아이들만이 동아리에 들어갈 수 있다는 정보가
은연 중 그 집단으로 들어가고 싶은 심리로 작용하여
봉사 동아리에 가입하고자 하는 동기가 되기도 한다.

자극으로 도전을 유혹하라

아이에게 "제발, 약 좀 먹어라."라며 사정하는 대신
"이 약의 맛이 괜찮다고 두 개씩 먹으면 절대 안 돼!
반드시 하나만 먹어야 한다."라고
약에 대한 호기심과 더불어 자존심을 살짝 자극하면 어떨까?

"이 약은 맛있으니 잘 먹어야 해."
이런 말로 이미 속아본 아이들에게는
더 먹지 말라는 메시지가
더 구미를 당기게 할 수도 있을 것이다.

창의적 성취를 위한 동기유발을 원한다면,
농구 골대가 너무 높이 있으면
아무도 슛 연습을 하지 않는 것처럼
적당히 어려워서,
도전정신을 자극하는 말로
동기를 부여하라.


만약에 교장 선생님이 "네가 송사를 잘 읽으면 사탕 사줄게."라고
달콤한 보상을 약속했거나, 아니면 "너, 이렇게 못 하면 다른 사람
으로 교체할 거야!"라고 협박했다면 결과는 어떠했을까?
교장 선생님의 달콤한 보상이나 협박은 내면에서부터 잘 해보겠
다는 도전의식을 주기보다는 오히려 나의 의욕을 꺾을 수도 있었

을 것이다. 그런데 다른 학생의 송사를 칭찬하는 교장 선생님의 한마디가 적어도 나에게 그 어떤 방법보다 더 강렬한 자극제가 되어 바로 내면에서부터 '내가 정말 잘 해보고 싶어'라는 도전 의식을 갖게 해준 것이다.

어느 때, 도전하고 싶다는 생각이 마음속에서 꿈틀거릴까?

정서적인 불만을 경험하면 심리적인 부조화 상태가 되고, 곧 안정을 취하고 싶은 동기가 생긴다. 학습과제를 제시할 때 너무 쉬운 문제는 재미가 없어 관심이 생기지 않는다. 적당히 어려운 문제라야 도전의식과 성취감을 심어줄 수 있다. 따라서 심리적으로 도전 의식을 자극할 수 있는 분위기를 만들어 주어야 한다.

" 난 자극제가 필요해 "

자극으로 도전을 유혹하라

# 마음이 설레는
# 경험을 한다면

고등학교 2학년, 겨울방학으로 기억한다. 담임 선생님을 따라 대학교 졸업
식장을 가게 되었다. 그때 졸업식장의 풍경이 머릿속에 지금도 생생하게 그
려진다. 까만 가운에 노란 수술이 달린 모자를 쓰고 한 명씩 단상에 올라 학
위기를 받던 학생들의 모습, 단과대학별로 색상이 다른 가운을 걸친 석 · 박
사 학위 취득자들의 모습, 졸업식 과정을 하나하나 자상하게 설명해주시던
선생님의 진지한 모습까지, 모두 추억의 풍경이다.

그중에서 무엇보다도 내 마음을 사로잡은 것은 바로 총장님으로부터 직접
박사 학위를 받는 졸업생들이었다. 그들은 나에게 아주 큰 나무처럼 비쳤
고, 그 순간 나도 언젠가 저들처럼 박사가 되고 싶다는 꿈의 씨앗을 내 마음
속에 뿌렸다.

자녀에게 꿈을 가지라고 말로만 하지 말고
마음이 설레는 경험의 기회를 만들어주면
아이들은 그곳에서 꿈을 건진다.

꿈을 찾았다는 것은
자기가 가야 할 길을 찾은 것이니,
그다음에는 목표를 정하고 실천하는 일만 남았다.

피겨 여왕 김연아는 초등학교 1학년 때
가족과 올림픽 공원에서
'알라딘'이라는 아이스쇼를 보며
"나도 스케이트를 열심히 타서
세계 최고의 선수가 되어야겠다."는
꿈을 갖게 되었고,

여자 테니스계의 스타 윌리엄스<sup>Williams</sup> 자매의 아버지는
언니 비너스<sup>Venus Williams</sup>가 7살, 동생 세레나<sup>Serena Williams</sup>가 5살 때
그 당시 테니스 스타 크리스틴 에버트<sup>Christine Marie Evert</sup>의 집을 찾아
그녀의 윔블던 트로피(은쟁반)를 들고 기념 사진을 찍게 하여
자매의 꿈을 키우는 계기를 마련해주었다.

공부에 흥미를 잃고 무덤덤한 학교생활을 하던 한 중학생이
우연히 참가한 영재캠프에서

과학고등학교 형들과 며칠을 함께 지내게 되었다.
그곳에서 과학고등학교 입학에 대한 꿈을 키웠고
현재 카이스트 대학원에서 공학도의 꿈을 펼치고 있다.

공부하라는 잔소리보다
한순간의 잊지 못할 감동스런 경험이
그들의 성취를 향한 보이지 않는 힘이 되어
끊임없는 영향력을 행사하고 있다.

성취를 위해서는 무엇보다도 '정말 나는 그 일을 꼭 하고 싶다'라는 의욕을 불러일으킬 수 있는 내적 동기 유발이 수반되어야 한다. 즉 그 일을 하고 싶다는 마음이 들게 할 환경이나 경험을 만들어주는 것이 부모의 역할이다. 서울대학교에 입학한 학생들 중 많은 학생들이 고등학교 재학시절 캠퍼스 투어를 통해 내가 이 대학에 오겠다는 입학의 의지를 굳건히 하는 기회가 있었다고 한다. 실제로 각 분야에서 창의적 성취를 이룬 사람들 대부분이 어느 한순간의 경험이 꿈을 키우고 다지는 데 큰 역할을 했다고 토로한다. 아름다운 드레스, 멋진 턱시도를 입은 연주회의 주인공들이 수많은 사람들의 기립 박수를 받는 모습을 볼 때, 발명대회의 우수 작품 전시회를 둘러보면서, 테마 박물관에서 진기한 모습을 보고 감탄하면서, 아이들의 마음속에는 잔잔한 꿈이 피어오른다. 이러한 경험을 꿈으로 이루려면, 꿈에 대한 인식부터 바꾸어야 한다. 대충 하고 싶은 것을 상상하는 차원에서 꿈을 꾸는 것은 소용 없다. 『꿈꾸는 다락방』의 이지성 작가는 꿈은 '생생하게Vivid', '꿈꾸면Dream' '이루어진다Realization'고 말하며, 이른바 꿈 공식 $V \times D = R$을 만들었다. 그에 의하면, 이 공식대로 해서 꿈을 이루려면 죽기 살기로 꿈을 꾸어야 한다고 했다. 대충하는 것이 아니라, 자기가 하고 싶은 일을 정말 구체적으로 간절히 원해야 이룰 수 있다고 주장했다. 꿈을 간절히 꾸게 되면 그것이 온몸으로 체화되어 이를 이루기 위해서 노력하게 되고 환경조차도 꿈의 성취를 위한 배경으로 바뀐다고 했다. 아이에게 다양하고 멋진 경험을 하게하여, 꿈을 간직한 나만의 씨앗을 만들어주자.

" 마음 설레는 경험 덕에
꿈을 향해 달린다 "

　　　　　　　　　　　마음이 설레는 경험을 한다면

# 크리에이티브 업그레이드
# Ver.5

사고의 유연성 훈련 1

1  분명히 Ⅶ 은 I 과 같지 않다. 아래 식에서 성냥개비 한 개만 움직여
   = 부호가 성립하도록 하라.

2  아래 성냥개비 6개로 정삼각형 4개를 만들어 보라.
   단 성냥개비를 구부리거나 꺾어서는 안 된다.

3 아래 성냥개비 4개로 田밭 전 자를 만들어 보라.
단, 성냥개비를 구부리거나 꺾어서는 안 된다.

1 가능한 여러 가지 방법들 중 두 가지만 소개하면 다음과 같다.

❶ 동그라미 친 성냥개비를 제거한다.
위쪽에 수평으로 놓는다.
1의 제곱근은 1과 같다.

❷ 제거한 성냥개비를 꺾어
그림과 같이 놓으면 6이 된다.
꺾으면 안된다는 조건이 없으므로
가능하다.

2 성냥개비 세 개로 바닥에 정삼각형을
만들고 그 위에 성냥개비 3개를 세운다.

3 성냥개비 4개를 모아 쥔다.

# Part. 6

# 창의성 Up:
# 창의성과
# 그 동지들을 기억하라

창의성을 발휘하기 위해서는 어떤 것들이 필요할까?
창의성과 함께 가야 할 요소들에는 어떤 것이 있을까?
창의성 연구의 대가 미하이 칙센트미하이Mihaly
Csikszentmihalyi가 강조하는 몰입,
지식 없이는 이루어질 수 없는 독서, 성공적인 이스라엘
교육의 기본을 보여주는 토론, 어떤 일에 미칠 수 있는 열정,
즐거움이 함께할 때 찾아오는 웃음, 창의적 성취를 위해
지속적으로 필요한 재미, 그리고 뛰어난 창의적 사고에
반드시 동반되어야 하는 인성. 바로 이런 것들이 창의성을
받쳐주는 친구들이며, 이름하여 창의성과 그 동지들이다.

# 창의성과
## 몰입Flow

2009년 1월 15일 새벽 1시, 미국의 항공사 'US에어웨이' 1549편 여객기가 승객 155명을 싣고 이륙하던 중이었다. 때마침 공중으로 날아오르던 겨울 철새들이 비행기의 제트엔진으로 빨려 들어가 인근의 허드슨 강으로 추락하는 긴박한 사고가 발생했다. 하지만 기장인 체슬리 설렌버거Chesley Sullenberger의 노련한 사고대처로 승객 155명을 모두 구해내 '허드슨 강의 기적'이라는 찬사를 받았다. 그런데 기장인 설렌버거는 사고 직후, CNN 등의 언론과 인터뷰에서 자기가 승객들을 모두 구해낸 것은 다름이 아니라 바로 '1만 9천 시간의 비행경험'이었다고 말했다. 결국 말콤 글래드웰Malcolm Gladwell의 '1만 시간의 법칙'의 유용성이 '허드슨 강의 기적'으로 증명된 셈이다. 즉, 한 분야에 성공하기 위해서는 적어도 1만 시간의 진지한 몰입이 있어야만 가능하다.

몰입이란,

내가 나를 잊고

'어느 하나'에 초점을 맞춰

끊임없이 빠져들다가

결국은 무아지경無我地境의 영역으로

들어서는 것을 말한다.


그것은 생각일 수도 있고,

일일 수도 있고

공부일 수도 있고,

작업일 수도 있다.

각자가 붙잡고 매달리거나,

스스로 관심을 갖게 되면

어느 것이라도 그 '어느 하나'가 된다는 것이다.


몰입이란 내면의 즐거움이고

즐거움이 있어야 몰입이 된다.

보상이나 칭찬이 있다고 하더라도

즐겁지 않으면 몰입을 맛볼 수 없다.


'어느 하나'에 집중하는 것이 즐거움이라면

벌써 몰입의 문턱에 서 있는 것이다.

햇볕 좋은 봄날,

대여섯 살쯤 되어 보이는 아이가

숲 속, 황토 오솔길에 주저앉아

몸을 숙여가며 무엇인가를 유심히 살펴보고 있다.

줄지어 이동하는 윤기 나는 까만색의 개미들.

함께 가던 엄마가 아무리 불러도 아이는 듣지 못한다.

이미 아이는 몰입의 다리를 건너

개미들의 세계 속으로 들어가 있었다.

바로 그 유명한 곤충학자 파브르의 어린 시절의 한 장면이다.


몰입에도 연습이 필요하다.

연습을 계속하다 보면

몰입의 세계로 들어가는 입장권이 주어진다.


누구나 무엇이든지 할 수 있지만

그렇다고 모두가 몰입하여 그 일을 할 수는 없다,


지금 내 자녀가 가장 즐거워하고 잘하는 것,

그것이 지나치게 해로운 일이 아니라면

그 순간을 누릴 수 있는 자유를 허락하고

몰입할 수 있는 습관을 만들어주자.

몰입은 내면 깊숙이 자리 잡고 자라나

몰입에 몰입할 수 있는 든든한 힘이 되어 줄 것이다.

'몰입'이란 삶이 고조되는 순간에 물이 흐르듯이$^{Flow}$ 행동이 자연스럽게 이루어지는 느낌을 표현한 말이다. 심리학자 미하이 칙센트미하이는 몰입$^{Flow}$은 원래 외적 보상이 없더라도 어떤 일에 푹 빠져, 무아지경의 상태에 빠져드는 자기 목적적인$^{Autotelic}$ 활동 경험을 말한다고 정의하고 있다.

세계적인 경영사상서이면서, 베스트셀러인 『티핑 포인트$^{The\ Tipping\ Point}$』와 『블링크$^{Blink}$』의 저자인 말콤 글래드웰은 『아웃라이어$^{Outlier}$』(보통사람들의 범주를 벗어나 뛰어난 성공을 거둔 사람들 의미함)에서 어느 분야에 성공하기 위해서는 그 일에 적어도 1만 시간 이상 쏟아부어야 한다고 했다. 그리고 만약 그렇지 않다면, 성공을 말하지 말라고 하였다. 1만 시간은 어떤 일에 숙달되기 위한 몰입에 필요한 절대적인 시간을 말하는데, 그 일에 몰입하여 하루 3시간씩 10년, 하루 5시간씩 5년, 하루 10시간씩 3년을 꼬박 보내야 달성할 수 있는 기나긴 시간이다. 이것이 바로 말콤 글래드웰이 말하는 '1만 시간의 법칙'이다.

몰입은 인간의 능력을 가늠할 수 없는 경지에 이르게 한다. 자녀가 식사 시간을 알리는데도 계속해서 한 가지 일에 몰두하느라 식사를 놓친다 하더라도 화내거나, 꾸중을 할 것이 아니라 '아, 우리 애가 지금 몰입하여 다른 것에 신경을 못 쓰는구나'라고 이해해주면 어떨까? 지금 그 아이는 장차 세상을 살면서 긍정의 원동력이 되는 폭발적인 힘을 발휘할 몰입의 세계로 들어가 있기 때문이다.

# 창의성과
# 독서

어느 여름날, 밖에는 천둥과 함께 세찬 소나기가 쏟아지고 있었다. 우산도 없이 비를 흠뻑 맞은 어린 소년이 마을 도서관에 들어섰다. 비가 많이 오는 날이라 마을 도서관 안에는 도서를 대출 해주는 자원봉사자 할아버지 한 분밖에 없었고 아주 조용했다. 소년은 비에 젖은 것 따위는 아랑곳하지 않고 과학 책이 있는 서가 쪽으로 서슴없이 걸어 들어가 우주 이야기 책을 찾기 시작했다.

"이 비를 맞고 그 먼 거리를 걸어서 또 왔니?" 대출 자원봉사를 하던 할아버지는 대견스럽다는 듯이 수건으로 소년의 젖은 얼굴과 머리를 닦아 주면서 인자하게 웃었다.

사실 이 소년의 집은 마을 도서관에서 5km나 떨어져 있는 외딴 곳에 있었다. 이 아이는 바로 빅뱅 이후의 우주 생성의 비밀을 밝혀 2008년 노벨 물리학상을 받은 시카고 대학교의 명예교수인 난부 요이치로南部陽一郎였다.

세 살배기 아이가 그림동화책을 보면서
무어라 혼자 중얼거린다.
가만히 귀를 대고 들어보면 말이 되지 않지만,
그래도 아이는 사뭇 진지해 보인다.
지금 세 살배기 아이는 독서 중이다.

공부해라, 공부해라, 독촉하는 것보다
부모가 먼저 책 읽는 모습을 보여준다면
부모를 따라 책 읽는 습관을 익히면서
자연스럽게 공부도 잘하게 될 것이다.
독서 습관은 성장의 기초 영양분을 섭취하는 것이니.

빌 게이츠<sup>Bill Gates</sup>도 초등학교 시절부터 독서광이었고,
세계적인 투자가 워런 버핏<sup>Warren Buffett</sup>도
일반 사람들의 평균독서량보다
다섯 배나 많은 책을 읽었으며,
노벨상을 받은 호주 멜버른 대학교의
피터 도허티<sup>Peter Doherty</sup> 병리학 교수도
끊임없는 독서 습관이 그를 만들었다고 한다.

어디 그뿐이랴,
홀어머니 밑에서 가난하고 불우한 환경을 극복하고
동양 학문의 언덕에 우뚝 설 수 있었던 공자도

끊임없는 독서의 힘 때문이었으며,

조선의 실학자인 정약용 선생이

목민심서와 같이 훌륭한 책을 집필할 수 있었던 것도

모두 독서의 힘 때문이었다.

독서를 하지 않고 이름난 사람이 거의 없다.


책 속에서는 훨씬 앞선 세대를 살아간 현자들과

대화를 나눌 수도 있고

어느 곳이든, 어떤 생각이든,

누구든지 만날 수 있는

무한한 상상력이 꽃 피는 정원이다.

그래서 독서를 하다 보면 심성은 물론 표정까지도

덕스럽고 지혜로워 보이는 것이다.


책, 그중에서도 고전은 아이에게 산삼보다 보배로운 보약이다. 고전은 인류의 상상력과 지혜가 고스란히 담겨 있는 귀한 샘이다. 이 샘을 파는 자는 그 마음에 인류의 지성이 흘러들어와 지혜와 지식의 꽃을 피울 것이다. 아이에게 학원 10곳을 보내는 대신, 고전 10권을 정독하게 하는 것이 더 나을 수도 있다. 그만큼 고전은 인류 지혜의 보고이기 때문이다. 고전은 어려우나, 단계별로 읽어 나가면 다양한 시대를 풍미한 작품을 만날 수 있다.

시카고대학교는 노벨상 수상자를 70여 명이나 배출했다. 그리고 이것은 로버트 허친스<sup>Robert Hutchins</sup> 총장의 공적이라고 말한다. 그는 시카고대학교의 학생들이 졸업 전에 고전 100권을 읽어야만 졸업을 할 수 있도록 했다. 바로 이것이 미국의 동부 명문대학에 비해 일천한 시카고대학교가 노벨상 왕국으로 등극할 수 있었던 비결이다.

아이에게 고전에 다가가게 하는 여러 방법이 있다. 김영사에서 나온 '서울대 선정 인문고전 50선'이나, 이원복의 『먼나라 이웃나라』 시리즈처럼 이해하기 쉬운 책을 먼저 읽게 한 후, 이를 바탕으로 고전 소설을 읽게 할 수도 있다. 그리고 소설을 통해 세상의 다양한 경우를 접하며 감성과 이성의 폭을 넓힌 후 역사서를 읽게 해보자. 지금까지 인류는 고립된 존재가 아니라 역사를 통해 문명을 개척하며 발전시켜 왔다. 역사를 알면 그 시대에 그리고 나아가 전 시대를 변화시킬 수 있는 큰 힘을 얻을 수 있다. 이후 철학서를 접해보자. 고전 철학부터 현대 철학 그리고 동양 철학서를 서서히 읽도록 해주자. 부모도 동참해야 한다. 그리고 난 뒤 지학사에서 나온 〈중학 독서평설〉이나 〈고교 독서평설〉을 통해 고전의 해설과 설명을 듣고 토론과 논술을 하는 것도 고전 읽기에 도움을 줄 것이다.

가정에서부터 고전으로 토론하고, 여름휴가나 휴일에는 독서 여행을 떠나는 것보다 더 좋은 휴식은 없다. 이는 가정교육뿐만 아니라 가정의 화목을 위한 일석이조의 효과를 줄 것이다.

# 창의성과
# 토론

남편과 함께 이스라엘에서 4년 동안 살다 온 친구가 있다. 그녀가 겪은 자녀교육에 관한 이스라엘 사람들의 태도는 우리의 관점에서 볼 때 다소 특이한 점이 있다. 어느 날, 그 친구가 랍비 집에 초대를 받아 함께 저녁 식사를 하던 중에 목격한 이스라엘 가정의 모습은 이러했다.

조부모와 함께 3대가 한 식탁에서 대화를 나누는데, 일방적으로 할아버지가 손자에게 얘기를 하거나, 명령하듯 말하는 것이 아니라 동등한 발언권을 가지고 대화하며, 또 어린아이가 말할 때 모든 식구들이 경청하고, 아버지는 질문하고, 할아버지는 코멘트한다. 또한 할아버지가 얘기하면서 아이와 그 아이의 부모에게 의견을 묻는 등 자유로운 토론이 가정에서 이루어지고 있었다. 진정한 토론의 모습, 그 자체였다.

대화와 토론은
유대인 교육의 핵심.

가정에서의 토론 습관이
학교 교육에도 그대로 이어져
이스라엘 학교 교실은 늘 토론으로 시끌시끌하다.

선생님과 어린 학생들은
항상 말다툼하듯 열띤 토론을 한다.
아이들은 자기 의견이나 질문을 거리낌 없이 던지며,
선생님은 쉽게 답을 주지 않고
그저 "왜 그렇게 생각하니?"라며
논쟁을 부추긴다.

선생님은 가르치고
학생은 그저 조용히 듣기만 하는
우리들의 교실 분위기와는 사뭇 다르다.

아이들은 서로 묻고 답하는 과정을 통해
스스로 답을 찾아가고
더불어 생각의 '과정'을 배운다.

그 생각의 과정을 통해

분석적이고 논리적인 사고를 키우며,

해답은 여러 개일 수 있다는 것을 깨닫고

남과 다르게 생각하는 힘이 생기며,

창의성이라는 열매를 얻는다.


어쩌면 유대인이 노벨상을 가장 많이 받는 이유는

어려서부터 가정과 학교에서 토론으로 다져진

창의성 때문은 아닐까?


이스라엘의 가정에서 어린아이와 아버지, 할아버지, 할머니, 모두가 인격 대 인격으로 대화하는 모습은 자연스러운 일상이다. 가정에서부터 모든 식구들이 스스럼없이 대화를 나누고 토론을 하면서 비록 나와 다른 의견일지라도 그 의견 속에 내가 배워야 할 것도 많이 있다는 것을 깨닫는다. 결국 토론은 내 의견과 다른 사람들의 의견, 지식들이 합체되어 나중에는 커다란 창의성의 마당을 굳건하게 다져준다.

자녀의 창의성 향상을 위해 필수조건처럼 여겨지는 토론 능력은 갑자기 공부한다고 얻어지는 것이 아니다. 어릴 때부터 부단하게 연습하고 경험해야지만 얻을 수 있는 능력이다.


미국의 대통령은 대부분 고교 토론대회Debate League 우승자들이다. 미국은 초등학교 때부터 토론 대회가 있다. 마치 운동 경기처럼 토론대회가 있어, 어렸을 때부터 토론 문화에 익숙하다. 이들 토론대회의 장점은 토론 주제의 찬반 여부를 대회에 참가해서야만 알 수 있다는 데 있다. 토론 주제는 미리 주어지지만 그에 대한 찬성과 반대의 입장은 토론이 시작될 때 알 수 있다. 그래서 토론대회 참가자들은 토론의 찬반을 모두 철저하게 준비한다. 그리고 대회에서 우승하려면 설득력과 그에 따른 증거가 분명해야하며 인신공격을 하면 벌점을 받는다.

우리 가정과 학교에서도 이러한 문화를 도입할 필요가 있다. 이를 위해 보수적 경향의 신문과 진보적 경향의 신문의 사설을 비교 지문으로 활용하는 것도 도움이 된다. 보수와 진보의 입장에서 하나의 주제를 다른 시각으로 보고 평가하는 사설을 꼼꼼히 읽다보면, 주제에 대한 찬반 여부의 논지가 명확히 잡히고, 논설위원이 주장하는 내용의 근거가 무엇인지를 파악할 수 있어 입체적인 시각을 가질 수 있다. 6개월 정도 이러한 습관을 들이면 아이의 토론 근육이 눈에 띄게 발달하는 것을 직접 확인할 수 있다.

# 창의성과
# 열정

.

"나를 갑판 돛대에 묶어 주시오. 그리고 날이 밝을 때까지는 절대로 풀어주지 마시오."

영국의 전설적인 풍경화가 윌리엄 터너<sup>William Turner</sup>가 폭풍우가 엄청나게 몰아치는 밤, 한 어부에게 부탁한 말이다. 그는 눈보라와 폭풍우가 치는 밤바다에서 위태롭게 흔들리는 배에 몸을 맡긴 채 처절한 고통을 감내했다. 그리고 그 어려움을 이겨내면서 탄생시킨 작품이 바로 〈눈보라-하버 만에 입항하는 증기선〉이다. 폭풍우를 제대로 표현하고 싶었던 터너는 폭풍을 직접 체험하고자 했던 것이다. 이렇듯 터너는 늘 자연을 직접 몸으로 생생하게 체험하여 화폭에 옮겼다. 그리고 한평생 독신으로 화실과 전시장에만 틀어박혀 살면서 열정적으로 그림을 그리던 화가였다.

"만약 당신의 아들, 딸에게
단 한 가지 재능만을 물려 줄 수 있다면 열정을 물려주어라!"
세계적 광고회사인 BBDO를 창업한
광고 카피라이터 겸 베스트셀러 작가,
브루스 바튼<sup>Bruce Barton</sup>이 남긴 말이다.

자녀에게 열정을 물려주기 위해
부모가 할 수 있는 일은 무엇일까?
그것은 바로 당신이 지금 무엇에 미쳐 일하고 있는 모습을
보여주는 것이다.

자녀에게 마르지 않는
소중한 열정의 옹달샘을 만들어준다면
무엇이 되고자 하든,
무엇을 이루고자 하든,
이미 반은 이룬 셈이다.

크리스마스 선물 상자를 열어볼 때의 기분처럼
아이가 가슴 설레며 좋아할 일,
기뻐할 일에 열정의 불을 지펴보자.
열정은 심장을 뛰게 하고
몰입으로 이끌 것이다.

열정은 불가능을 가능으로 바꾸는 신비한 에너지이며
오직 그것만으로도 큰일을 이루어 내는 마법 같은 존재이고
성실한 마음속에서만 자라나는 소중한 보물이다.

계속해서 나무를 쪼아 파내는 딱따구리의 열정은
깊은 숲 속, 딱딱한 나무에 보금자리를 만들고,
수백, 수천 번씩 엉덩방아를 찧어가며
연습한 김연아의 열정은
그녀를 빙상의 여왕으로 만들었다.

당신은 지금 무엇에 열정을 쏟고 있는가?

열정은 어느 때 생길까? 우선 그 일이 좋아야 열정의 불이 붙는다. 그리고 아이마다 타고난 재능이 따로 있다. 유대인은 타인보다 잘 하라고 말하지 않고, 타인과는 다르게 살라고 가르친다. 그래서 유대인 중에는 정치, 경제, 사회, 문화 등 모든 분야에서 두각을 나 타내며 세계를 끌고가는 인재가 많다.

아이들은 각자 지니고 있는 재주가 다르다. 저마다 열정을 불태울 수 있는 분야가 있는 법이다. 그것을 찾아주고 자신의 재능을 계 발할 수 있도록 코치도 해주어야 한다. 아이가 선수라면 부모는 코치나 감독이다. 아이 대신 그 일을 해줄 수는 없어도 그 길을 갈 수 있도록 지도는 할 수 있다.

프로 축구선수와 야구선수 같은 운동선수들을 보면 감독과 코치가 얼마나 중요한지 알 수 있다. 선수의 재능을 알아보고 그 능력을 최상으로 이끌어낼 수 있도록 조언하고 지도하면 그 선수는 열정에 불타서 시간 가는 줄 모르고 그 일에 빠져든다. 그래서 그런 선수를 인터뷰하면 연습한 대로 했더니 좋은 결과가 나왔다고 말하는 경우를 많이 보게 된다.

만약 정경화의 어머니가 딸보고 발레리나가 되라고 했다면 어땠을까? 박세리의 아빠가 딸에게 가수가 되라고 했다면 어땠을까? 아이의 재능을 발견하지 못하고 엉뚱한 일을 아이에게 시켰다면 아이는 절대로 그 일을 성취하기 위해 열정을 다해 노력하지 않을 것이다. 당신은 아이의 재능을 아는가? 그러면 우선 아이의 재능을 남과 비교하지 말자. 그리고 아이에게 남과 다르게 네 자신의 재능을 키우라고 용기 내어 말하자. 바로 그런 부모가 자녀로 하여금 즐거운 마음으로 열정을 다할 수 있도록 도와주는 훌륭한 코치이다.

# 창의성과
# 웃음

1981년 3월 30일 오후, 워싱턴 힐튼호텔에서 나오던 레이건[Ronald Reagan]
대통령은 정신병 환자인 존 힝클리[John Hinckley]가 쏜 총알에 가슴을 맞고 쓰
러졌다. 그는 긴급하게 워싱턴 대학병원으로 이송되었고, 여자 간호사가 지
혈하기 위해 레이건 대통령의 몸에 손을 댔다. 생명이 왔다 갔다 하는 긴박
한 순간이었다. 이때 레이건 대통령은 그 여자 간호사에게 "내 아내 낸시에
게(내 몸에 손을 대도 좋다는) 허락은 받았지요?"라고 물었다. 생명이 경각
에 달린 위급한 순간에 던진 이 한마디는 대통령의 안위를 걱정하고 있던
주변 사람들의 긴장을 풀어주는 파격적인 유머였다.

유머는 웃음을,

웃음은 즐거움을,

즐거움은 창의성이라는 실타래가 된다.

즐겁지 않은 분위기에서

창의성을 기대할 수는 없다.


웃음이 가득한 분위기에서 생활한 아이들이

경직되고 갈등이 많은 분위기에서 자라난 아이들보다

적응이 빠르고

친구들과 선생님들 사이에 인기가 있으며

창의적인 생각을 잘 하는 것으로 나타났다.


웃음의 중요성을 일찍부터 깨달은 회사들은

갖가지 재미있는 아이디어를 산출할 수 있도록

웃음을 자아내는 그림이나 사진, 물건들을

사무실에 비치하기도 한다.


엉뚱하기로 잘 알려진

미국의 로봇 회사 '오데스틱'은

풍선 불기 대회를 여는가 하면,

때로는 재미있는 게임을 하여 사원들의 마음을 즐겁게 한다.

이들 역시 즐거움을 맛보는 가운데

창의적인 아이디어가 산출된다고 믿기 때문이다.

창의성과 웃음

책상 앞에 엄숙하게 앉아 열심히 해야지만
새로운 아이디어나 해결책이 떠오르는 것은 아니다.
뜻밖의 번쩍이는 시도를 통해
더 신선한 답이 나온다는 사실을 기억하자.

많이 웃고, 유머 감각을 익혀라.
하하 웃으면서 즐겁게,
빈둥빈둥 노는 듯 뒹굴면서 얻는 '아하!'의 깨달음이
그 어떤 공부보다 값지다는 것을 기억하자.

사우스웨스트 항공사에서는 독특한 금연 안내 방송으로 비행기에 탑승한 승객들의 긴장을 풀어준다. 단순히 "기내에서는 금연입니다."라고 말하는 대부분의 항공사와는 달리 사우스웨스트 항공사의 비행기를 타면 다음과 같은 안내방송을 들을 수 있다. "여러분의 흡연은 비행기 날개 위에서만 가능합니다. 그곳에서 불을 붙일 수 있다면, 담배를 피우는 것이 가능하며 동시에 영화 〈바람과 함께 사라지다〉를 감상하게 되실 것입니다!"라는 멘트로 승객들에게 잔잔한 웃음을 선사하면서 긴 여행을 유쾌한 마음으로 시작하게 한다.

아인슈타인은 이런 말을 했다. "내가 상대성이론을 발견한 비결은 어릴 적부터 웃음을 중시한 데 있다." 그는 학교 생활에 적응하지 못해 어려운 시절을 겪었지만, 항상 그를 격려하는 어머니 덕에 기죽지 않고, 자신이 좋아하는 분야에 즐겁게 매진할 수 있었다.

사실 웃기만 잘해도 행동이 바뀌고, 감정이 바뀌고, 생각마저 바뀐다. 반면에 심각한 표정을 짓기만 해도 사고가 경직되어 창의적인 생각을 멀리 할 수 있다.

어릴 때부터 자녀에게 유머감각을 갖게 하는 것은 삶을 여유롭고 윤택하게 만들어준다. 예를 들어, 아이의 어린 시절 재미있는 사진을 보면서 웃어보자. 한바탕 웃을 수 있는 만화책이나, TV 코미디 프로그램도 함께 보면서 웃음을 경험해보자. 평소에 부모가 유머를 즐겨 사용하는 모습 또한 아이들에게 웃음을 경험하고 유머감각을 키우는 데에 도움이 될 수 있다.

" 웃음은 창의성의 실타래. 하하! 호호! "

# 창의성과
# 재미

도쿄 긴자거리에는 101살 노인이 67년 동안 운영하고 있는 커피숍 '카페 드 랑부르Cafe de L'ambre'가 있다. '올드 커피'로 이름난 이곳은 도쿄 최고의 커피 맛을 자랑하는 커피숍이다. 이곳의 주인인 세키구치 할아버지는 그만의 독특한 방식으로 새로움을 추구하며, 무엇인가 재미있다고 여겨지면 이를 기어이 달성하고야 마는 열정의 소유자다. 좋은 커피는 신선한 재료로 만들어야 한다는 생각과 달리, 그는 아주 오래된 커피콩을 그 나름의 방식으로 볶아서 고유한 맛을 낸다. 이런 세키구치 할아버지의 가장 중요한 업무 철학은 재미이다. 그는 무엇이든 재미가 있어야 신이 나서 일을 잘 해낼 수 있다고 믿는다.

밥 먹는 것도 잊은 채
놀이에 빠져있는 아이들은
그 놀이가 재미있어서다.

일과 공부가
어쩔 수 없이 해야 하는 노동이라면
그곳에서는 창의성을 찾을 수 없다.

자신이 하는 일에 빠져 재미있게 놀다 보면
어느새 그 분야에 전문가가 되고
창의적인 성취를 얻게 된다.

개미처럼 열심히 일만 하는 사람보다는
재미있는 일을 찾아서 일을 놀이처럼 생각하고
일에서 즐거움을 찾는 사람들이
창의적 성취를 더 많이 이루어낸다.

재미를 느끼려면
새로운 시도를 습관화하고
남들이 하지 않는 경험도
기꺼이 자처해야 한다.

우선 내가 잘할 수 있는 영역을 찾고

그 영역에서 늘 새로운 재미를 찾아 나서는 사람에게는
창의성이라는 열매가 찾아온다.

자녀가 창의적 성취를 이루기 원한다면
값비싼 학원 등록비를 지불하기보다
재주와 재미, 그리고 경험 같은 '창의성 찾기'의 티켓을
마련하는 지혜가 필요할지도 모른다.


세키쿠치 할아버지가 67년간이나 커피숍을 성공적으로 운영할
수 있었던 것은 바로 그가 커피를 좋아했기 때문이다. 자기가 하
는 일의 재미는 그 어떤 보상보다도 강한 동기를, 그리고 일에 대
한 열정과 도전을 불러일으킨다.

수업이 재미가 없어서 대학을 자퇴한 스티브 잡스는 자신이 재미
있다고 여겨지는 수업만을 골라 몰래 청강했다. 그중 하나가 서체
에 대한 수업이었으며, 그 경험을 바탕으로 '매킨토시'에 서체를
고를 수 있는 기능을 탑재했고 매킨토시를 성공으로 이끌었다. 그
뒤로 자신이 재미있다고 생각하는 제품 생산에 노력을 기울여 탄
생한 것이 바로 전화기의 재발명이라는 찬사를 받는 '아이폰'이다.
스티브 잡스 개인의 재미가 세상을 바꾼 것이다.
재미는 어릴 때 다양한 경험을 통해 느낄 수 있다. 어느 순간 느꼈
던 그 재미가 평생의 습관으로 남을 수도 있다. 아이들에게 올바

른 재미를 알려주는 것, 재미를 느낄 수 있는 환경과 경험의 기회를 제공하는 것, 그것이 바로 부모의 역할 중 하나이다.

# 창의성과
# 인성

이스라엘의 대표적인 영재학교 '아트앤사이언스'는 전국에서 우수한 영재들이 모여든다. 그러나 이 학교에 있는 각종 실험도구가 최첨단인 데 비하여 영재들이 생활하는 기숙사는 아주 오래전에 지어진 허름한 건물이다. 그 이유는 기숙사를 지을 예산이 없어서가 아니다. 다만, 영재인 아이들에게 겸손을 가르치기 위해서다. 자칫 본인들이 가진 지적 우월성 때문에 그들이 사용하고 관여하는 일은 모두 최고여야 한다는 자만심을 경계하기 위해서이다. 남들보다 비범한 재능이 있는 대신, 물질적인 것은 덜 누리면서 겸손한 자세로 그들의 능력을 세상을 위해서 발휘해야 한다는 이 학교만의 교육철학이 숨어 있는 것이다.

창의성은 있는데
인성이 없다?

세상 사람들의 창의성 수준은 계속 높아지고
그 창의성 수준에 인성이 좇아가지 못한다면
행복 수치보다 불행 수치가 더 높아질 것이다.

"부하가 아닌 내가 다쳤기에 부끄럽지 않게 살 수 있었다."
15년 전, 부하를 구하려다가
지뢰밭에서 두 다리를 잃은 이종명 대령의 이야기다.

인성이 고운 사람은 '공동의 선善'을 생각하고
자신의 이익을 뛰어넘어 이웃과 사회,
더 넓은 공동의 이익을 생각하며,
타인을 배려할 줄 아는 사람이다.

미국의 41대 대통령 조지 H. W. 부시George H. W. Bush는
백혈병에 걸린 옛 부하 직원의 두 살배기 아들 패트릭Pattrick과
그 가족, 옛 동료와의 유대감을 위해 자진 삭발하고
단체 삭발한 옛 부하 직원 26명과 함께
선글라스를 착용하고 찍은 사진도 공개했다.

인성이 바른 사람은

내가 아닌 타인의 아픔을 어루만질 줄 알고,

겸손함으로 고개를 숙이고 ,

어려운 사람을 위해 봉사하고,

어떤 상황에서도 정직하게 행동하며,

타인과의 약속을 소중히 생각한다.


세상을 새롭고 윤택하게 만드는 창의성이

주변 사람들과 사회에 평화와 행복을 주는

아름다운 인성을 만날 때,

세상은 빛이 나고 따스함마저 느끼게 된다.


창의성과 인성은 함께 있어야

더 아름다운 동반자라는 사실은

아무리 강조해도 부족하다.


"인성은 인간의 가장 기본적인 바탕이다. 인성이 바르지 못하면 무슨 일을 해도 성공하지 못한다."『논어』에 나오는 공자의 말이다. 아무리 창의성이 뛰어나도 바람직한 인성이 바탕이 되지 않았다면, 그 창의적 성취는 더불어 살아야 하는 사회에 해를 끼칠 수 있다. 창의성이 그 어느 때보다 강조되는 사회에서 창의성만이 아니라 그와 함께 인성의 중요성을 인식하고 아이의 창의성과 함께 바른 인성을 키우는 데 힘을 써야 한다.

인성은 원래 타고난 성품이라고들 말하지만 사실은 주어진 환경에 의해 만들어지는 것이기도 하다. 어린 시절부터 인성이 훌륭한 부모 밑에 성장한 자녀들은 정직, 약속, 공동의 선, 배려, 겸손, 봉사라는 덕목을 부모를 보고 스스로 느끼고 실천하며 자라난다. 남을 배려할 줄 알고, 편협한 생각보다는 공동의 이익을 깨우치며, 자만심보다는 겸손을 그리고 어려운 이웃에게 봉사의 땀방울을 흘릴 줄 아는 인성이 고운 사람으로 성장한다. 착한 사마리아 인은 어느 날 갑자기 나온 것이 아니라 평소에 다듬어져 내재된 아름답고 바른 인성으로부터 비롯된 것이다.

" 창의성이 따스한 인성을 만나야 세상이 빛나지요 "

# 크리에이티브 업그레이드
## Ver.6

사고의 유연성 훈련 2

1  아래의 파이를 세 번만 잘라서 여덟 조각을 만들어 보라.

2  분명히 82 − 28은 100이 아니다. 아래 식에서 막대를 두 개만 움직여
= 부호가 성립하도록 하라.

$$82 - 28 = 100$$

## 3   아래의 사진을 잘 살펴보고 기발하고 재미있는 제목을 붙여보라.

1   아래 그림을 참고하되 그 외에도 더 다양한 답이 가능하다. 대부분의 사람들이 처음에는
한 가지 해답을 찾는데도 어려움을 겪는다. 그러나 직선으로만 잘라야 한다거나 꼭 같은
크기로 잘라야 한다는 고정 관념에서 벗어나면 더 많은 답을 찾을 수 있다.

2   아래와 같은 방법이 가능하다.

$$92 - 28 = 100 \quad \blacktriangleright \quad 62 + 38 = 100$$

3   정답은 따로 없다. 단 사진의 모습을 잘 나타내면서 남들이 쉽게 생각할 수 없는
독특하고 재미있는 제목을 생각하면 된다.

예: 왼쪽사진: '이게 뭐게요?' / '빨강색을 좋아하는 소녀' / '이거 드실래요?'

Part. 7

# 창의성 Down:
# 창의적 사고의 장애물을
# 넘어서라

창의성의 최대 장애물은 고정관념이다. 사람은 익숙한 것에서 안정감을 느낀다. 뇌는 새로운 것을 받아들이고 그것에 익숙해지려면 많은 에너지가 필요하므로 현재에 만족하려 한다.

어느 수도사가 제자를 데리고 산속의 수도원을 가로질러 가는 길이었다. 이때 바람이 심하게 불자 주변 나무들이 부딪히며 소리를 냈다.

그러자 제자가 스승에게 말했다. "스승님, 나무들이 심하게 흔들립니다." 그러자 스승이 대답했다.

"맞다. 바람 때문이지. 그런데 나무만 보이고 바람은 보이지 않느냐?" 스승은 제자의 안목을 길러주고 있다. 전경 이면에 배경이 있고, 배경은 또한 전경으로 바뀔 수 있는 것이다. 그러나 인간은 환경과 유전의 영향으로 형성된 세계관에 의해서 보고 싶은 것만 본다. 그리고 이런 편견과 고정관념이 창의성에 장애가 된다. 선입관, 습관, 평가와 경쟁, 실패의 두려움, 억압적인 분위기 등이 창의성의 진입을 가로막는 대표적인 장애물이다. 어떻게 하면 이를 넘어설 수 있을까?

# 선입견,
# 아무리 깨도 아프지 않다

다음 문제를 풀어보자.

폭행사고를 신고 받은 경찰관이 체육관 안으로 들어갔다. 그곳에는 다섯 명의 레슬링 선수들이 있었다. 그때 죽어가고 있는 사람이 눈은 천장을 향한 채 중얼거렸다. "그자 짓이오." 그러자 경찰은 즉시 레슬링 선수 중 한 사람을 체포했다. 경찰은 범인을 어떻게 알았을까? 만약 이 문제에서 쉽게 답을 찾지 못했다면, 그것은 레슬링 선수는 '남자'라는 선입견 때문일지 모른다. 다섯 명의 레슬링 선수 중 한 명만 남자이고, 네 명은 여자였기 때문에 경찰은 쉽게 범인을 잡을 수 있었다.

시각장애인은 사진을 찍을 수 있을까?
만약 '아니오'라고 답했다면,
사진은 반드시 눈으로 봐야만 찍을 수 있다는
선입견 때문이리라.

한 남학생이 눈을 감고
바람이 갈대에 스치는 소리를 유심히 들으며 사진을 찍고 있다.
아시아 최고 광고제 '스파익스 아시아' 필름 부분에서
그랑프리를 수상한 삼성전자 인사이트[Insight] 광고의
한 장면이다.

시각장애인은 오감을 이용한 소리와 감각으로 사진을 찍는다.
한빛맹아학교 학생들이
마음으로 느끼며 마음의 눈으로 찍은 사진으로
시각장애인은 사진을 찍을 수 없다는 선입견을 깨는
따뜻한 전시회를 열었다.

잘못된 선입견과 고정관념은 그 자체로
개인의 긍정적인 성장을 가로막는다.
선입견을 버리고 마음을 열 때
그 자리에 창의성이 찾아온다.

선입견, 고정관념

선입견, 아무리 깨도 아프지 않다

깨라, 모두 깨라.

아무리 깨도 결코 아프지 않다.

아니, 자신의 껍질을 깨는 아픔 뒤에야

비로소 창의적 성취가 따라온다.


선입견은 새로운 아이디어를 막아서 창의성을 이 세상에 구현하지 못하게 하는 가장 위험한 장애물이다. 잘못된 선입견은 혁신적이고 창의적인 아이디어의 발휘를 가로막는다. 무지함은 교육을 통해서 지식을 쌓고 배우면서 해소할 수 있지만, 잘못된 선입견은 변화하기도 어렵고 위험하다.

이런 잘못된 선입견과 고정관념에서 빠져나오기 위해서는 "반드시 이래야만 하나?"라고 자신에게 질문해 보자. 그리고 그 반대의 것을 떠올려보자. 사실을 부정하고, 대상을 뒤집어보고, 대체해 보자.


사과 산지로 유명한 일본의 아오모리 현에 1991년 태풍이 불어 수확을 앞둔 사과의 90%가 땅에 떨어졌다. 이때, 이곳의 농부들은 절망하지 않고 떨어지지 않은 10% 사과에 주목했다. 그리고 태풍에도 떨어지지 않은 10%의 사과를 '합격 사과'라고 이름을 붙여 고가에 팔아 그해 사과 농사에 성공했다. 발상의 전환은 이렇듯 전혀 다른 결과를 가져오기도 한다.

소소한 일상에서부터 아이와 함께 고정관념을 깨보자. 예를 들어 실내 화분은 창가에 가지런히 놓여 있어야 한다는 고정관념에서 벗어나 거꾸로 화분을 만들어 보자. 벽이나 천장에 매달 수 있어 공간의 제약을 벗어나 멋진 인테리어에 한몫한다. 야구장 시구를 사람이 아닌 불도그Bulldog에게 하게 해 사람들에게 뜻밖의 기쁨을 선사하는 것도, 컨설팅회사 직원이 자신의 명함을 예쁜 푸들이 입에 물고 전달하게 하여 깊은 인상을 주는 것도 모두 선입견이나 고정관념을 깬 결과들이다.

"선입견, 고정관념, 깨라! 마구 깨라!"

# 습관,
# 습관이라는 덫을 만든다

다음과 같이 해보자.

먼저 두 손을 깍지 끼어보자. 어느 엄지손가락이 위에 있는가? 이번에는 반대로 끼어 보자. 어떤 느낌인가? 팔짱을 끼어 보자. 어떤 손목이 위에 있는가? 이번에도 다른 쪽 손목이 위에 보이도록 반대로 끼어 보자. 어떠한가? 쉽게 바꿀 수가 있었는가? 다리 꼬기도 그와 같이 해보자. 무척 어색하고 불편한 느낌이 들어 다시 옛 방식으로 돌아가고 싶어질 것이다. 이처럼 어떤 것을 갑자기 새롭게 바꾸는 것은 생각보다 어렵다.

습관이란 쇠사슬은

처음에는 아주 가늘지만

시간이 지날수록 끊을 수 없을 정도로 강해진다.

한번 길든 습관은

오래 신은 구두처럼 편해서,

그것이 더 유익하든 아니든

늘 해왔던 방식대로 지속하려 한다.


습관은 습관이라는 덫을 만들고

의식적으로 좋은 습관을 형성하려고 노력하지 않으면

자신도 모르는 사이에

좋지 못한 습관을 가지게 된다.


오래된 습관은 새로운 행동을 어렵게 하고

습관화된 사고방식은

새로운 형태의 사고를 방해하며,

창의적인 행동에도 걸림돌이 될 뿐이다.


습관적으로 하던 일을 하루에 하나씩 바꿔보자.

매일 습관적으로 다니던 출근길도 새로운 길로 바꾸어 보고,

매번 테이블에 앉아서 하던 회의도 일어선 채로 해보고,

손님 오실 때만 꺼냈던 예쁜 커피 잔도 지금 당장 사용해보자.

습관, 습관이라는 덫을 만든다

창의적으로 생활하는 습관을 만들면
창의적 습관의 코드가 생기게 되고
그 코드는 창의적 행동의 열쇠가 되며,
그 열쇠는 성공의 문을 활짝 열어준다.

고<sup>故</sup> 정주영 회장은 불굴의 도전정신을 인생 내내 습관화했고
작가 조안 디디언<sup>Joan Didion</sup>은 늘 수첩을 가지고 다니며
관찰하고 기록하는 습관을 지녔었다.
연습벌레 발레리나 강수진은 연습을 습관 삼아
목표를 이루었으며,
영화감독 데이비드 린치<sup>David Lynch</sup>는 명상하는 습관을 통해
창의적인 정신 세계에 도달했다.

이 세상에서 바꾸는 것을 좋아하는 사람은 '축축하게 젖은 기저귀를 차고 있는 아기밖에 없을 것'이라는 우스갯소리도 있다. 그만큼 길든 것을 바꾸기는 쉽지 않다. 특히 자신의 분야에서 오랜 기간 경험을 쌓으면 쌓을수록 그것은 습관이 되고, 그 습관은 새로운 사고의 틀을 만드는 데 방해가 되며, 결국 창의적 사고를 제약한다.

아이의 창의력을 방해하는 습관을 바꾸는 방법 중에 글쓰기만큼 좋은 것도 없다. 예를 들어 신문의 헤드라인이나 책의 한 문장

을 주고, 그 문장의 단어를 유사어로 바꿔 쓰게 하거나, 평서문을 의문문, 감탄문, 가정법 등으로 바꿔 쓰게 해보자. 그러면 문장을 구성하는 데 있어 표현할 수 있는 단어가 다양하게 있음을 알게 되고, 또 문장을 통해 표현하는 방법도 하나가 아님을 깨닫게 된다. 말과 문장을 만드는 것은 사고의 구조를 결정하므로 이러한 바꿔 쓰기 훈련을 계속하면 아이의 굳었던 사고가 유연해져 습관적 사유에서 벗어나 자유로운 발상을 하는 데 많은 도움이 된다.

좋은 습관을 만드는 데는 시간이 걸린다. 만약 밭에 씨를 뿌리고 열매가 익을 때까지는 3~4개월이 걸린다면, 이 시간 동안 잡초와 해충을 제거하고, 거름을 주고, 비가 오면 배수로를 만들고, 햇볕이 강하면 물을 뿌려주어야 씨가 싹을 틔우고 열매를 맺는다. 부모는 수확을 기다리는 농부의 심정으로, 아이가 그 시간을 잘 견디어 '창의 씨앗'이라는 열매를 맺을 수 있도록 부지런히 관리해주어야 한다.

# 실수와 실패의 두려움,
# 내 사전에는 없다

가는 털이 부숭부숭한 북극의 황갈색 나비 애벌레는 처음에는 매우 작고 연약하다. 북극의 툰드라에서 잠시 피어나는 풀들을 아무리 빨리 먹어도, 늦게 오고 빨리 가는 짧은 봄과 여름 때문에 나비가 될 만한 영양분을 보충하지 못하고 곧바로 찾아오는 겨울의 추위에 그대로 얼어붙고 만다. 나비가 되는 것에 실패하는 것이다.

그 다음 해 봄이 되면 또 깨어나고 겨울이 되면 또 얼어붙고, 이렇게 13년의 세월을 반복하다가, 어느 화려한 봄날, 마침내 고치를 만들어 수줍은 듯 그 속에 들어가 화려한 나비 옷으로 갈아입게 된다. 그리고 그 오랜 세월 동안 꿈꿔오던 영롱한 나비가 되어 마침내 찬란한 하늘로 높이 날아오른다.

북극의 나비처럼

그것이 비록 반복되는 실패일지라도

끝내는 이루어 내는 성공이라면

그것은 실패가 아니라

의미 있는 성공이며

곧 이루어질 큰 성공의 소중한 씨앗이다.

발명왕 에디슨이 1,800번의 실패를

'1,800번의 발견'이라고 생각했던 것처럼.


"실패했다고? 그래, 수고했어!"라고 말할 수 있는

실패의 텃밭이 있어야 성공의 씨앗이 자랄 수 있다.

벤처기업가들이 실패의 경험을 나누기 위해서

핀란드 헬싱키에서 '실패의 날' 행사를 진행하는 것처럼.


실패에 대한 두려움은

새로운 아이디어를 마음속에 잠재우는 것이니,

실수하고, 실패하는 것을 두려워하지 말자.

실패가 큰 성공을 가져올 수 있는

깨달음과 교훈을 가져다 주는 것처럼.


뒤돌아보지 말고 앞을 보며 창의적 행동을 시도해보자.

실수나 실패에 대한 두려움은

처음부터 내 사전에 없었던 것처럼.

'실패 없는 성공'이란 거의 없다. 실패야 말로 성공의 열매를 거두기 위한 필수 코스란 말이다. 그래서 사람들은 '실패는 성공의 어머니'라고 표현한다. 아이들이 예상하지 못한 실패로 시도하려는 일을 포기하려고 할 때 '그 실패가 성공을 위한 보약'이라는 사실을 깨닫게 하여 용기를 북돋워 주자.

'The Creative Focus'의 설립자 해리 베르디스Harry Verdis는 하루에 30번의 실패를 허용하라고 한다. 같은 실패를 반복하라는 것이 아니라, 새로운 시도를 통해 30번 실패하는 것은 성공으로 가는 가장 빠른 지름길이라는 것이다. 20억 번의 다운로드를 기록한 모바일 게임 '앵그리 버드'는 2003년 창업한 핀란드 게임회사 '로비오사'의 52번째 게임이었다. 이 회사는 6년간 총 51번의 실패를 했다. 그래도 포기하지 않고 52번째 개발한 것이 마침내 성공했고, 이후 회사는 기하급수적으로 성장했다.

2015년 8월, 미국화학학회에 한국의 한 대학에서 연구한 휴대폰 배터리 충전시간 연장 기술을 실은 논문이 게재됐다. 그런데 이 기술을 개발할 수 있었던 것은 실수 때문이라고 한다. 화면의 색상에 이용되는 형광물질의 불순물 비율을 잘못 계산했는데, 놀랍게도 발광효율을 30%나 높여 배터리 충전시간을 연장할 수 있었다. 8시간 사용할 것을 이 기술을 이용하면 12시간 동안 이용할 수 있다는 것이다. 이렇듯 실수는 의외의 결과를 가져올 수 있다.

실패를 아파하는 아이들에게 이 세상에 노력해서 이루지 못할 일은 별로 없다는 사실을 깨닫게 해주자. 그리고 힘 빠진 어깨를 따뜻하게 다독이며 격려해주자. 작은 실패에도 민감하게 반응한다면 사고와 행동이 경직되어 아이들은 창의력과 모험심을 기를 수 없다.

" 하루에 30번의 실패를 허용하라 "

실수와 실패의 두려움, 내 사전에는 없다

# 평가와 경쟁, 창의성의 방해꾼들

하버드 대학교의 석좌교수 애머빌은 다음과 같은 사실을 발견했다.

어린이들에게 처음에는 색연필로 그림을 그리게 하고, 그다음에는 색종이를 여러 모양으로 오려서 원하는 대로 구성하는 콜라주를 하도록 했다. 이때 한 그룹은 색종이 콜라주를 실시하기 전에 색연필 그림에 대해 먼저 평가를 하고, 다른 그룹은 평가를 하지 않았다. 그 후 미술 전문가가 두 그룹의 콜라주를 비교했을 때, 평가를 받지 않은 그룹 어린이들의 콜라주가 평가를 받은 그룹 어린이들의 콜라주보다 더 창의적이었다.

애머빌은 색연필 그림에 대해 평가를 받은 어린이들은 그 다음의 콜라주도 평가받게 될 것이라고 예상하였기에 창의성이 감소한 것으로 결론을 내렸다.

'정말 잘 해야겠다는 생각에 걱정된다'
'잘해야만 한다는 사실이 부담스럽다'

모두 〈K 팝스타 4〉에서 예비 소속사 대표로서
노래를 불러야 하는 참가자들의 공연 직전의 속마음이었다.
경쟁에서 1등을 해야만 소속사에게 혜택이 있다는 사실이
마음 편히 노래할 수 없게 만든 것이다.

흔히들 말한다.
"연습 때는 잘했는데……."
"혼자 있을 때는 더 잘하는데……."

지나치게 높은 동기는 마음만 앞서고
문제의 핵심을 제대로 파악할 수 없게 만들며
더 좋은 해결책을 간과하게 한다.

평가에 대한 스트레스와
남들보다 더 잘해야 한다는 경쟁의식 등이
모두 창의적인 작품 활동을 방해해서
창의적 능력을 제대로 발휘하지 못하게 한다.
평가와 경쟁에 대한 의식은
심리적으로 불안정한 상태를 유발하며
심리적으로 편치 않은 상태에서의 작업은

창의성의 힘을 잃게 한다.

창의성은
타인의 칭찬이나 빈정거림과 같은
평가를 의식하지 않고,
경쟁 없이 스스로 즐기는
자유로운 분위기에서 더욱 큰 빛을 발한다는
사실을 잊지 말아야 한다.


평가나 경쟁은 모두 목표달성을 위한 욕구를 증진해 동기를 유발하게 한다는 면에서 긍정적인 요소다. 하지만 많은 연구자들은 아동의 행동 수정이나, 창의성의 발휘는 자유로운 환경에서 최대한으로 가능하다고 보고한다.

창조적인 작업을 하는 예술가들은 외부인들의 평에 신경을 쓰다 보면 스스로 추구하는 작품 세계를 제대로 구현하지 못하고 타인들이 요구하는 방향으로 끌려가기 쉽다. 자신의 행동이나, 작품이 평가될 것이라는 예상과 기대감은 잘해야 한다는 강박감을 가지게 해 창의성을 제대로 발휘할 수 없게 만든다.

교육심리학자 울포크<sup>A. Woolfolk</sup>는 아이가 평가에 과도하게 부담을 갖게 되면, 문제가 주어졌을 때 주의가 분산되고, 주의를 집중하더라도 조직을 잘하지 못하고, 자신이 알고 있더라도 그 능력을 충분히 발산하지 못한다고 한다.

하지만 평가는 부정적임에도 불구하고 필요하므로, 대신 이를 어떻게 하면 창의성을 해치지 않고서 평가를 활용할 수 있을지 그 방안을 찾아야 한다.

심리학자 모리스[D. Morris]는 자극에 대하여 신체적 정신적 반응을 보이는 것을 '각성[覺醒]'이라고 명명하고, 문제의 난이도에 따라 적절한 각성이 되었을 때 최적의 결과가 나온다고 했다. 그러므로 아이에게 어떤 과제를 주었을 때 그것을 창의적으로 수행할 수 있도록 하기 위해서는 아이가 각성에 반응하는 정도에 따라 문제의 난이도를 조절해 주어야 한다. 평가와 경쟁을 피할 수 없다면 이것을 적절하게 이용하는 지혜를 발휘하자.

" 평가와 경쟁? 난 무조건 즐길거야 "

평가와 경쟁, 창의성의 방해꾼들

# 억압적인 분위기,
# 생각을 마비시킨다

데니스 홍Dennis Hong 박사는 세계적으로 유명한 로봇공학자이자, UCLA 기계공학과의 교수이다. UCLA 로봇연구소 〈로멜라〉의 소장으로 일하면서 미국 최초의 휴머노이드 로봇을 제작하고, 세계 최초로 시각장애인용 무인자동차를 만들었다. 그는 태어날 때부터 엄청난 장난꾸러기였다고 한다. 어머니 뱃속에서부터 너무 요란스럽게 놀아서 부모님은 그의 이름을 당시 유명했던 만화의 주인공 '데니스'를 따와 붙여주었을 정도였다.

자라면서도 호기심이 왕성한, 장난꾸러기였던 데니스 홍은 집에 있는 가전제품을 모조리 뜯어서 고장을 냈다고 한다. 어떻게 작동하는지 궁금한 것은 참을 수 없었다. 하지만 부모님은 한 번도 그 일로 혼내신 적이 없다고 한다. 그는 강연에서 늘 말한다. 만약 그때 부모님이 비싼 가전제품을 망가뜨렸다고 야단을 쳤다면 주눅이 들어서 지금의 자신은 없었을 것이라고.

"네가 뭘 안다고 그래?

쓸데없는 소리 하지 말고

아빠가 하라는 대로 해!"

만약 아이들이 자신의 아이디어를 주장하는 것이 허용되지 않고

어른 말을 무조건 따라야 하는

권위주의적인 분위기라면,


"너는 지금 공부하는 거냐? 노는 거냐?

하려면 똑바로 해!"

만약 아이들이 공부 외에는 마음껏 즐기지 못하고

유머가 부족하고 전반적으로

경직된 분위기라면,


"넌 아직 네 마음대로 하기에는 너무 어려.

이것은 규칙이니까, 하라면 해!"

만약 아이들이 늘 따라야 할 규칙만 많고

행동의 독립성과 자유가 부족한

삭막한 분위기라면,


"너, 오늘 학원 빠진 것 다 알고 있어,

한 번만 더 빠지면 용돈 줄인다!"

만약 아이들이 이 학원 저 학원으로 다니느라

자기만의 시간을 가질 수 없는

억압적인 분위기, 생각을 마비시킨다

억압적인 분위기라면,

"그 공상 만화 같은, 말도 안 되는 소리 그만하고

시험공부나 열심히 해라."

만약 아이가 남보다 기발하고 독특하게 생각하는 것을

인정받지 못하고

상상, 공상 등에 대하여 부정적으로 생각하는

융통성 없는 분위기라면,

아이들은 좋은 생각이 있어도

그것을 다른 사람에게 얘기하지 못하고

창의성이 위축되어 잠재된 소질마저 시들어 버릴지도 모른다.

아이들의 호기심을 돋워 주고,

때로는 빈둥거리며 놀면서 웃게 하라.

하하거리며 웃는 사이 새로운 뭔가를 발견하는

'아하'의 나라에 이미 들어와 있을 것이다.


개인에게 창의적인 행동을 할 수 있는 모든 요소가 갖추어져 있더라도 분위기가 편안하지 않고 억압적이라면 창의성은 발휘되기가 쉽지 않다. 자기 생각을 마음껏 펼칠 수 있는 상황이 아니거나, 불안감, 질서와 복종을 강조하는 위압적인 분위기는 신선한 생각을 불가능하게 할 뿐만 아니라 아예 생각을 마비시키기도 한다. 아이가 선호하는 물리적 환경을 조성하고, 명랑하고 자유로운 분위기 속에서 마음껏 창의적인 생각을 할 수 있도록 해주어야 한다.

즐겁지 않으면 창의성은 나오지 않는다. 웃음이 가득한 분위기에서 생활한 아이들이 심각하고 경직되며 갈등이 많은 분위기에서 자라난 아이들보다 창의적일 확률이 높다. 일본의 한 유치원은 1교시를 체육시간으로 편성했다. 그리고 마음껏 뛰어놀게 했다. 그랬더니 다음 시간부터 아이들의 주의집중력과 수업 태도가 좋아졌다. 선생님께 질문도 많이 하는 등 긍정적인 효과가 나타났다. 즐거운 분위기속에서 수업할 때 수업의 효과가 높게 나타났다는 것이다.

" 너, 오늘 학원 빠진 것, 내가 다 알고 있어
한 번만 더 빠지면 용돈 줄인다 "

억압적인 분위기, 생각을 마비시킨다

# 크리에이티브 업그레이드
## Ver.7

사고의 유연성 훈련 3

1  어떤 농부가 다음과 같은 모양의 땅을 가지고 있었다. 어느 날 그는 자기의
   네 아들에게 이 땅을 4등분해서 나누어주고 싶었다. 모양과 크기가
   똑같도록 나누려면 어떻게 하면 되겠는가? 아래의 그림에 표시해보라.

2  아래의 □ 에는 어떤 도형이 와야 할까?

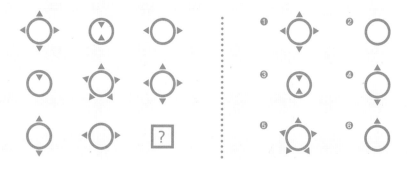

3 막대를 2개만 움직여서 아래 그림을 강아지가 뒤돌아보는 모습으로
바꾸어보라.

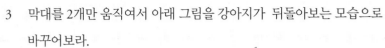

4 여러분이 조경사로서 일거리를 하나 맡았다고 하자. 집주인은 나무를
열 그루만 심되, 한 줄에 네그루 씩 다섯줄이 되게 심으라고
주문하였다. 어떤 모양으로 심어야 할까?

정답

1 아래 그림과 같이 나눈다.

2 ❶이 와야 한다. 규칙을 자세히
살펴보면 원 밖에 있는 ▲는 +를
나타내고 원 안의 ▲는 −를 나타낸다.
즉, 첫 줄은 4 − 2 = 2의 등식이 성립되고
둘째 줄은 −1 + 5 = 4가 된다. 그러므로
마지막 줄에서는 2 + 2 = ?이므로 ?에는
+4에 해당하는 ❶번이 적합하다.

3 아래 그림과 같이 두 막대를
안쪽으로 향하게 한다.

4 아래와 같은 모양으로 심을 수 있다.

# 내 아이의 미래,
# 창의성으로 승부한다

**"주문하신 아기가 결제 되었습니다."**…정말 이래도 되는 걸까?
경향신문 70주년 창간특집에 실린 이 타이틀은 충격 그
이상이었다. 현재까지의 유전과학기술의 발달로 미루어
머지않아 실현될 수도 있다는 사실에 섬뜩했고, 이제 새로운
생명윤리를 고민해야할 때임을 느끼게 했다.

증기 및 수력기관과 기계식 생산설비가 나타난 18세기의
'1차 산업혁명'을 시작으로 2차, 3차 산업혁명을 거쳐 이제는
정보통신기술$^{ICT}$의 융합으로 이뤄지는 차세대 산업혁명이라
일컫는 '4차 산업혁명'의 시대가 본격화 되고 있다. '데이터'가
모든 것의 핵심이 되고, 시공간을 초월한 가상·증강현실이
열리고 로봇과 인간이 공존하는 세계가 시작되었다.
비행기보다 빠르다는, 제5의 교통수단인 '하이퍼루프$^{Hyperloop}$'가
출현하는 날엔 서울에서 부산까지 16분, 도쿄까지도 56분이면
가능한 시대가 된다는 것이다.

세상은 이처럼 무서울 정도로 빠르게 변하고 있다. 그렇다면, 이렇게 빠르게 변화하는 시대를 살아갈 아이들에게 어떤 교육으로 무장을 시켜야 할까? 지금은 변화의 속도가 너무 빨라 변화에 적응을 위해서는 분명 묘약이 필요하다. 그리고 그 묘약 중의 하나는 바로 창의성이 아닐까 생각한다. 이미 언급했듯이 창의성은 단순한 지식축적이 아니라 기존 지식을 잘 활용하고 이를 통합해서 새로운 것을 창조할 수 있는 능력을 말한다. 주입식과 암기식 교육으로 지식을 단순히 외우기만 하는 방식에 한계가 온 것이다.

내 아이의 미래, 창의성으로 승부한다는 각오로 자녀교육에 임하라. 창의성은 마법을 부릴 줄 안다. 창의성의 마법이 내 아이의 미래에 플러스로 다가올 것이다.

창의성을 가장 방해하는 것 중 하나는 바로 '나는 창의적이지 못해'라고 미리 포기해 버리는 부정적인 생각이다. 자녀의 창의성 교육을 위해 부모가 먼저 창의성에 대한 마음부터 열어야 한다. 그리고 매사 지금까지와는 다르게 창의적으로 생활하는 습관도 길러야한다. 부모가 창의적인 모습을 보여줄 때 아이도 창의적으로 자란다는 사실은 지극히 당연한 순리로서 아무리 강조해도 그 의미는 결코 퇴색되지 않을 것이다.

2016년, 겨울
문정화

부모 인문학을 만나다 ❸

생각의 틀을 바꾸어 창의적인 아이를 만들어주는 부모 인문학

# 창의성,
# 내 아이의 미래에
# 마법을 부리다

초판 1쇄 인쇄   2016년 12월 19일
초판 2쇄 발행   2018년 4월 30일
글           문정화
그림         민소원
펴낸이       이준경
편집장       이찬희
편집팀장     이승희
책임편집     홍윤표, 김아영
디자인팀장   강혜정
디자인       정미정
마케팅       이준경
펴낸곳       (주)영진미디어

출판등록     2011년 1월 6일 제406-2011-000003호
주소         경기도 파주시 문발로 242 파주출판도시 3층 (주)영진미디어
전화         031-955-4955
팩스         031-948-7611

홈페이지     www.yjbooks.com
이메일       book@yjmedia.net
ISBN        978-89-98656-62-1
값          13,000원

이 도서의 국립중앙도서관 출판시도서목록(CIP)은 서지정보유통지원시스템 홈페이지(http://seoji.nl.go.kr)와
국가자료공동목록시스템(http://www.nl.go.kr/kolisnet)에서 이용하실 수 있습니다. (CIP제어번호 : CIP2016031159)